나는 내 숨을 쉰다
—

1판 1쇄 인쇄 2015년 10월 25일
1판 1쇄 펴냄 2015년 11월 1일

지은이 홍순관
펴낸이 한종호
디자인 임현주
인　쇄 영림인쇄

펴낸곳 꽃자리
출판등록 2012년 12월 13일
주소 서울시 용산구 청파로 47길 52 4층
전화 02-744-7464
전자우편 amabi@daum.net
〈꽃자리〉 출판사 웹진 http://fzari.com

Copyright ⓒ 홍순관 2015

* 이 책은 저작권법에 따라 보호받는 저작물이므로 무단 전제와 복제를 금합니다.
* 저자와의 협의에 따라 인지를 생략합니다.
* 잘못된 책은 바꾸어 드립니다.
—

ISBN 979-11-86910-00-9 93230
값 14,000원

나는 내 숨을 쉰다

홍순관 지음

꽃자리

들어가는 말

독자에게 띄우는 편지 셋

노래신학

'꽃자리' 한종호 목사님의 제법 긴 설득이 있어 책을 내게 되었습니다. 그러나 이 책을 내고 싶은(내어야 하는) 제 마음에는 적지 않은 세월이 담겨있습니다. 저는 '노래신학'이 사라진 교회의 노래들을 대하며 스무 살 시절부터 노래해 왔습니다. 시간으로만 보면 30년입니다. 어느 길 어느 나무 아래서 쓸쓸하셨을 예수님의 외로움을 몸으로 배우며 노래했습니다. 이유는 간단합니다. 노래를 시작한 시간부터 지금까지 제가 부르는 노래는 한국교회의 정서나 토양과는 잘 맞지 않았고, 지향점도 달랐기 때문입니다. 작금의 한국교회 상황을 본다면 도리어 은혜요, 감사입니다. 물론 노래꾼의 역량부족이 절대적인 까닭일 수 있음은 스스로 각성하는 바 큽니다.

평소에두 저를 아껴주시는 김기석 목사님, 심영봉 목사

님, 백소영 선생님, 지강유철 형께서 이 보잘 것 없는 책에 뿌리와 열매까지 장만해 주신다는 말씀을 들었습니다. 십에서 몇 날을 생각해봤지만 송구함을 숨길 수 없습니다. 하지만 홍순관이라는 개인의 노래를 측은히 여기심보다도 '신학'이 사라진 우리 '노래'를 살린다는 마음으로 귀한 글을 받습니다.

제 소견으로는 한국교회의 '건축과 노래'가 이 지경이라면 '정신과 영성'은 어렵다고 봅니다. '건축'은 어디에 짓느냐는 문제와 어떤 사람이 사느냐가 핵심인데, 두 가지 모두 찾아볼 수 없는 집에 한국교회가 살아간다고 볼 수 있습니다. 처한 곳도 모르고 뭘 하고 사는지도 모르기 때문입니다. 노래의 심각성도 버금갑니다. 노래는 어떤 노래를 어떤 곳에서 어떤 태도로 부르는가에 그 진정성과 감동이 갈릴 수 있다고 봅니다. 백 번 양보하여도 한국교회에서 불리는 대부분의 음악은 내용(가사)과 장소 그리고 그 태도를 볼 때 예수를 노래한다고 인정하기 어렵습니다. 건축과 노래가 무너지면 일상의 선한 감성과 영성의 깊이는 기대할 수 없습니다.

성서와 예수를 노래한다는 것이 무엇인지, 이 시대에 불러야 하는 노래는 어떤 것인지 쓰고 싶었습니다. '신학'이 읽히는 노래가 살아나기를 간절히 빌 뿐입니다.

걸레질하는 여인

흥미로운 이야기와 생소한 노래가 흐르던 교회는 감성이 예민한 열한 살의 소년에게는 참 좋은 '놀이터'였습니다. 문득문득 그곳이 생각나고 시간만 나면 놀러가고 싶은 마음은 스무 살 무렵까지 계속되었습니다. 그곳에서 자연스레 친해진 사람은 사찰집사님이었는데, 전 이따금 청소도 도와드리게 되었습니다. 그런 시간을 지나며 한 가지 마음에 걸리는 것이 있었습니다. 설교단에 올라가 조심조심 숨죽이며 일하시던 사찰집사님 부인되시는 분의 걸레질입니다.

높은 천장에서 내려오는 무채색 휘장은 엄중했고, 그 아래 맞닿은 설교단은 엄격했습니다. 그곳은 여자가 올라가는 곳이 아니었습니다. 여자가 단에 올라가는 모습을 볼 수 있었던 것은 이를테면 청소를 하거나 꽃을 장식하거나 화분을 옮겨놓을 때였습니다.

저의 교회개혁을 향한 꿈은 여기서 시작됩니다.

일상의 노래

문화나 노래의 보람과 진화는 그 뜻이 기술보다는 정신에 있습니다. 종교에선 더욱 그렇습니다. 시대를 타는 계산에 있는 것이 아니라 시간을 넘어 있는 순전한 신앙에 있어야 합니다. 수직과 수평을 나누어 마치 경건한 노래가 따로 있는 것처럼 나누는 것에 있는 것이 아니라 사람을 향하는 것이 곧 하나님을 향한다는 연민의 정에 있어야 합니다.

중국문학의 거장 루쉰은 "혈관에서 피가 나오고 분수에서 물이 나온다"고 했습니다. 어느 날 갑자기 변할 수 있는 것이 아니라 하늘의 일상이 묻어 있어야 흥얼거려도 하늘의 노래가 되는 것입니다. 혁명시 하나를 썼다고 해서 혁명문학가가 될 수는 없습니다. 혁명가로 살았다면 일기를 써도 혁명문학입니다. 로크마커의 지적대로 양을 한 마리 그려놓았다고 해서 성화聖畵는 아닙니다. 예수라는 글자가 들어갔다고 해서 성서의 가르침이 스며있는 노래가 아니라는 말입니다. 일상의 정직이 없다면 아무 것도 아닙니다. 교회의 노래는 홍보와 포장으로 상징되는 자본주의의 노래가 아니란 말입니다. 광야를 따르는 일상의 걸음이 신자의 노래입니다. 쌀 한 톨에도 천지天地의 노래가 들어있고, 아이의 웃음소리에도 우주가 진동합니다.

저는 일상의 노래를 부르려고 버린 것들이 많았습니다. 대중보다는 소외된 사람들이요, 생색보다는 뜻이었습니다. 제 스승은 오늘도 저 그늘 속으로 들어가십니다. 저는 그 뒤를 따를 뿐입니다.

목차

들어가는 말 | 독자에게 띄우는 편지 셋 **| 홍순관** · 4

새의 날개	새의 날개 · 12
	천국의 춤 · 17
	나무 · 21
	은혜의 강가로 · 28
	십자가 · 32

신의 정원	어떤 바람 · 38
	산 밑으로 · 44
	여행 · 51
	민들레 날고 · 56
	성모 형 · 65

나처럼 사는 건 나밖에 없지	나처럼 사는 건 · 70
	저 아이 좀 봐 · 75
	벽 없이 · 80

바람의 말 · 82

나는 내 숨을 쉰다 · 85

깊은 인생 · 90

푸른 춤 · 95

대지의 눈물 · 98

춤추는   소리 · 104
평화
낯선 땅 여기는 내 고향 · 107

쌀 한 톨의 무게 · 111

또 다른 숲을 시작하세요 · 115

시간은   내가 드린 기도로 아침이 오진 않는다 · 122
나무처럼
느렸으면   큰 나무만으론 산을 이룰 수 없네 · 126
좋겠어
평화는 아침에 피어난 꽃처럼 오리니 · 129

지강유철의 선택과 옹호 | 부박(浮薄)한 시대에 부는 바람처럼 · 133

낯선 땅을 고향으로 바꾸기 | **김기석** · 229

슬픔으로 슬픔을 치유하다 | **김영봉** · 248

노래로 나타나신 하나님 | **백소영** · 259

1.
새의 날개

새의 날개

홍순관 글 | 한경수 곡(1989년 만듦, 〈새의 날개〉 음반 수록)

님의 세계에 산다는 것은
새의 날개처럼 자유로운 것입니다.
이 우주는 님을 향하여 춤추고 노래합니다.
나의 노래는 푸른 나무가 그늘을 만듦같이
깊은 마음에서 나옵니다.
그 마음은 내 일상이며 내 삶입니다.

있는 듯 없는 듯 바람 같은 나의 님

가없이 자애로우시고 잠잠한 그 분의 품으로 들어가
부르는 노래는 고요한 침묵의 노래입니다.

저 무명초에서 흐르는 침묵의 향이
곧 진리의 제사요, 자유의 노래입니다.

아, 마지막은 침묵이리니
소리 없이 하나님을 찬송하는 그런 침묵이리니

소리 없이 하나님을

Bird's Wings

To live in the world of *Nym is
to be free like a bird's flapping of wings.
This universe dances and sings toward Nym.

My song
comes out of the deep heart like the
green trees are willingly making shade.
It's my whole and my life.

My Nym, He is or not, like wind.

My song sinking into His mind.
it is endlessly benevolent and tranquil,
is that of silence.

Scent of silence flowing out of unknown

herb is offering of the truth and the
song of freedom.
Ah, The last will be silence
it is such a silence
that blesses the lord unspokenly.

세 번째 음반 〈새의 날개〉 첫 트랙에 들어간 노래다. 음반제목과 같은 노래제목 '새의 날개'. 〈홍순관의 가스펠〉과 〈홍성모 홍순관 듀엣〉 음반에 이어 세 번째로 만든 것이지만 실질적으로 활동을 시작한 첫 음반이다.

CD를 틀어놓고 노래가 나오길 기다리면 2분이 되도록 피아노 연주만 나온다. 노래인 줄 알고 샀는데 속았다는 이야기도 심심찮게 들었던 음반이다. 2분만 듣고 지레짐작으로 음악을 꺼버린 경우다. 거기에 곡의 길이는 6분이 넘는다. 활동을 시작한 음반이라고 하였는데 정작 방송을 염두에 두지 않았나보다. 이 곡은 내레이션이 전체를 이루

*In Korean 'Nym' is an honorific title for a personal object. Here I have applied this word to God. Therefore 'Nym' means the origin of all lives, and the eventual substance. Accordingly 'Nym' is God

*한국말에서 '님'은 인격적 대상에 대한 존칭이다. 여기에서 이 단어를 하나님께 적용했다. 그러므로 '님'은 모든 생명의 기원이며, 궁극적 실체를 의미한다. 따라서 '님'은 '하나님'이다.

고 맨 마지막 소절 "소리 없이 하나님을"이라는 부분만 노래한다. '읽는 노래'다. 모든 말에는 리듬과 가락이 있으니 고집하자면 말도 노래다.

한경수의 피아노는 노래를 곁에서 바람처럼 돕는다. 피아노가 곧 묵상이요 이야기다. 내레이션에 한경수의 피아노만한 어울림과 감동은 드물 것이다. 거기에 말을 얹어 흐름을 타기만 하면 된다.

가스펠동네에 내놓는 첫 트랙으로는 다소 과감한 면이 있었다. 전주前奏의 길이도 그렇거니와 '님'이라는 단어에 집요한 지적을 받을 수 있겠다는 생각도 들었다. 여지없이 한국교회는 그에 관해 유연성과 논리가 없었다. 지금도 이 표현과 해석은 한국교회 안에서 자유롭지 않다. 훗날 '쿰바야(2002년)'를 녹음할 때에도 3절에 '님'이란 단어를 사용했다. 아직도 성서는 그 분의 이름을 '야훼'라고 밖에는 가르쳐주신 적이 없기에 나름 우리의 시적표현과 간절함을 담아 그리하였다. 물론 신중함을 전하기 위해 당시 독일에서 신학을 공부하고 있었던 아우 이동영과 의논하여 '님'에 대한 생각을 영문으로 음반에 적어 넣었다.

첫 음반 작업에서 마음을 쏟은 것은 사실 가락보다 노랫말이었다. 우리 언어의 아름다움과 정서, 우리의 신학적 해석이 필요했다. 한국교회에서 활동하는 가수들의 음악에서 가장 큰 문제는 천편일률적이고 획일적인 단어사용이었기 때문이다. 더군다나 메타포는 거의 없었다. 성서의 구절을 그대로 옮겨 적어놓고 작사에 자신의 이름을 쓰는 것은 난센스였다.

노래는 "님의 세계에 산다는 것은 새의 날개처럼 자유로운 것"이라고 시작한다. 무엇보다 '자유롭고' 싶었고, 그것은 틀에 갇힌 사회구조와 인식을 벗어나 미래에 대한 사유를 그분의 태초와 영원을 잇는 공간으로부터 시작하고자 했던 마음이 깊어서였다. 스캔들이요, 역설이요, 파격이신 예수를 흠모함은 그렇게 표현되었다. 그 상상력은 푸른 그늘을 만드는 일상에서 나와야 한다고 보았다. 계몽과 도덕을 넘어서는 그 분의 세상을 그리워한 것이다.

'새의 날개'는 칼 라너(Karl Rahner)와 막스 피카르트(Max Picard)를 좋아하던 시절, 절로 나왔던 노랫말이다. '마지막'이라는 단어는 라너의 고별에 사무친 인터뷰 끝부분이 와 닿아 쓴 것이고, '침묵'은 두 말할 것도 없이 피카르트의 《침묵의 세계》에 대한 감흥이었다.

일이 없어 집에만 있던 시절, 무명초와 나는 따로가 아니었고, 궁핍한 살림에 대한 항의를 담아 '있는 듯 없는 듯' 바람 같은 나의 님이라고 했다. 이십 대의 끝을 그렇게 살았다.

천국의 춤

홍순관 글 곡 (1987년 만듦, 〈새의 날개〉 음반 수록)

천국의 자유가 춤추네 천국의 자유가 춤추네
태양과 바람을 이 땅에 나리신
천국의 자유가 춤추네 천국의 자유가 춤추네
하늘을 날으는 새들이 새들이
들판을 달리는 소년의 그 얼굴이
마치 무용수처럼 춤추네 정말 무용수처럼 춤추네 음~

천국의 자유가 춤추네 천국의 자유가 춤추네
태양과 바람을 이 땅에 나리신
천국의 자유가 춤추네 천국의 자유가 춤추네
벌판서 잘 익어가는 쌀들이 콩들이
땀 흘려 일하는 농부의 그 얼굴이
팔 벌려 손잡은 사람의 만남이
하늘의 노래를 부르는 그 얼굴이
저 강물처럼 춤추네 저 바람처럼 춤추네 음~

천국의 자유가 춤추네 천국의 자유가 춤추네

라이라이~ 바람처럼 춤추네 라이라이~ 자유가 춤추네

 기차를 타고 가을을 달리고 있었다. 차창밖 들판이 물결처럼 따라온다. 바람은 끊임없이 벼이삭으로 스며든다. 익은 벼들은 바람처럼 부드럽고 유연하다. 이윽고 들판은 춤이 된다. 저 가냘프고 위대한 생명들이 다 익지 않았다면 저토록 자유로운 춤은 볼 수 없었을 것이다.

 그러하니 저 춤은 필시, 농부의 '새벽과도 같은 땀'이 만든 결과다. 해, 달, 별, 바람, 비가 없었다 하여도 벼이삭은 역시 춤추지 못했을 것이다. 생명은 함께 익어가야 춤이다.

 벼 익은 들판을 달리는 소년의 상상력과 명랑함도 춤이 된다. 그 순진한 달음박질이 자유의 춤이요, 건강한 얼굴이 천국이다. 자라나는 벼이삭이 있어도 소년이 없다면 미래는 없다.

 태양은 모든 생명을 감싼다. 따스한 햇살만한 위로가 있을까. 벼 이삭 사이로 잠들러 가는 햇살은 엄마처럼 정답다. 그늘도 태양이 있어 존재한다. 그늘이 그대로 그늘로 살지 않는 까닭도 태양이 있어서다. 견디고 기다리고 참을 수 있는 것도 태양이 있어서다.

 바람은 눈에 보이지 않지만 없는 곳이 없다. 여기 있다고 보면 저기 있고, 저기 있다고 보면 여기로 온다. 먼 곳과 가까운 곳이 따로 없다. 떨어져 있어도 하나다. 하나로 부는 것이 바람이다. 바람은 부는 대로 불어서 가지 않는 곳이 없고 닿지 않는 곳이 없다. 정한 곳이 있지도 않거니와 그대로 불지도 않는다. 여린 바람은 아늑하고 센 바람은 긴장감을 준다. 멀리서 오는 바람은 시간을 데려다 주어 옛날과 지금을 보게 한다. 바람은 몰래 분다. 어디서 오는지도 어디로 가는지도 모른다. 모르게 사라지는 매력이 바람이다. 바람의 흐름으로 춤출 수 있다면 세상은 자유로 가득할 것이다.

강물은 멀리서 바라보면 풍경화처럼 있지만 가까이 가면 쉼 없는 물살로 살아 있다. 느리게 보이나 쉼이 없고 조용히 흐르나 끊이지 않는다. 강물처럼 춤출 수 있다면 세상은 고요한 흥(興)으로 일렁일 것이다.

무용수가 안무를 받고 몸이 아프거나 연습을 게을리 했다면 무대에서 추는 춤은 부자연스럽다. 거북하고 어색하다. 안무와 춤꾼은 하나가 되어야 춤이다. 춤과 몸의 구분이 없어야 한다. 몸은 춤이 되고 춤은 몸이 되어야 한다. 벼이삭은 바람과 하나가 되었기에 그토록 눈부시고 거룩한 춤을 출 수 있었다.

하나님과 하나 된 교회는 얼마나 아름다운 춤을 출까.

이웃과 하나가 된 교회는 얼마나 든든한 춤을 출까. 말씀과 하나 된 신자는 얼마나 거룩한 춤을 출까. 하나님과 하나 된 인간은 얼마나 어른스러운 춤을 출까. 자유의 춤이요, 천국의 춤이다.

하늘은 이 땅에 비도 나리고 태양도 나리신다. 낮도 만드시고 밤도 만드신 이는 해와 달과 별이 쉬는 숨에 기대어 땅(인간)이 살아가도록 하셨다. 비가 나리면 비가 고마워 곡식이 자라고 해가 나리면 또 해가 고마워 열매가 영근다. 하늘과 땅이 떨어져 보이나 하나이다. 멀리 있으나 함께이다.

자연과 세상과 역사와 이웃이 하나가 되는 춤이 그 분의 나라다.

나무

홍순관 글 곡 (1990년 만듦, 〈새의 날개〉 음반 수록)

나는 기도할 때 나무가 된다
그늘 되어 쉬게 하는 나무가 된다

나는 기도할 때 냇물이 된다
길을 따라 흘러가는 냇물이 된다

나는 기도할 때 큰 산이 된다
내 놀던 옛 동산처럼 큰 산이 된다

나는 기도할 때 바다가 된다
깊은 속 끝이 없는 바다가 된다

나뭇잎 푸르고 마르지 않는
사과나무 열리고 시들지 않는

    나무가 노래고, 냇물이 노래다. 큰 산이 노래며 바다가 노래다. 만물이 노래요, 이 세상 사람들이 노래다. 내 눈 앞에 펼쳐지는 모든 것들이 노래다. 흔들리는 나뭇잎보다 더

한 춤이 어디 있을 것이요, 바람소리보다 더한 노래가 어디 있겠는가.

나무

나무는 인간에게 무한한 위로와 영감을 준다. 일생을 두고 나무를 바라보며 시를 쓰고 노래를 지어도 표현이 모자랄 것이다.

나무는 한 자리에서 뿌리를 두고 산다. 남의 자리를 빼앗거나 탐내지 않는다. 주어진 자리에서 죽을 때까지 산다. 다만 가지를 뻗어 조촐한 풍요를 누리고 푸른 잎을 피워내 아담한 풍성함을 뽐낼 뿐이다.

잎이 자라면 거기엔 그늘이 생긴다. 푸른 그늘이다. 나무에서 생기는 그늘은 어두운 세상이 아니요, 쉼을 주는 평화의 공간이다. 가만히 있음으로 그늘을 만드니 존재 자체가 평화다.

나무는 멀리서 오는 바람을 제일 먼저 안다. 세상을 헤아리는 나무의 지혜다. 아침에도 낮에도 밤에도 나무는 홀로 시간을 견딘다. 물론 나무가 시간을 견딘다는 것은 인간의 눈이요, 시간을 넘어 사는 나무에게는 아무 것도 아니다. 가만히 있다는 것은 실로 빠르다는 것을 넘어 있는 것이다.

생색내지 않고 그늘을 만들고 쉼을 주니 평화를 만드는 일도 나무에게는 특별하지 않은 일상이다. 나무는 검소한 평화요, 요동치 않는 자유다.

인도의 시성詩聖 타고르(Rabindranath Tagore)가 나무에게 물었다. "하느님에 대해 말해 주겠니?" 그러자 나무는 꽃을 피웠다.

기도할 때 나무가 된다면 일상에 꽃이 피리라.

냇물

냇물은 길을 따라 흘러간다. 다른 곳으로 흐르지 않는다. 길이 없으면 길을 내어 흐른다. 예수는 스스로 '길道'이라 하였다. 길을 따라가니 단조로워도 어느 날에 보면 하늘의 풍요가 피어있다. 성경聖經은 '거룩할 성聖', '길 경經' 자를 쓴다. 곧 '거룩한 길'이니 길을 따라 간다는 것은 다름 아닌 성경을 길 삼아 걷는 것이다.

냇물이 높은 곳으로 가는 일은 없다. 순리를 거스를 마음이 없다. 조금이라도 낮은 곳이 있다면 그리로 간다. 물은 혼자 가지 않고 함께 간다. 탁한 물이든 구정물이든 합쳐져 한 몸이 되어 흐른다. 그리고 맑은 물이 되도록 스스로 더러운 것을 가라앉힌다.

이름 모를 어느 골짜기 샘물에서 시작한 물은 냇물이 되고 강이 되고 바다가 된다. 큰 물에 이르도록 긴 여행을 떠나는 물은 명랑한 소리를 내며 눈에 띄게 흐르기도 하지만 보이지 않을 때도 있다. 땅 속으로 흐르기 때문이다. 끊어진 것이 아니라, 모르게 흐르는 까닭이다. 땅속으로 스며들어 땅도 살리고 제 길도 가는 것이다.

얀나이, 에슬리, 낙께, 멜라니… 성서를 뒤져 단 한 번 나오는 이름들이다. 살펴보면 하나의 족보요, 거기서 요셉이란 목수가 나오며 이어 예수라는 꽃이 피어난다(이현주, '예수의 족보' 중). 한 번밖에 나오지 않은 그 이름들이 구주 예수를 품었던 것이다.

세상에 한 번도 나오지 않은 이름들은 또 얼마나 많을까! 드러나지 않는 그 이름들을 통하여 세상은 흘러왔다. 이름 없는 이들의 땀이 세상을 일구어 왔다.

기도할 때 냇물처럼 흘러간다면 스스로 길이라고 하신 그 분을 뵐 수도 있을 것이다.

큰 산

옛 동산은 어릴 적 추억과 시간이 담겨 있으니 히말라야

에베레스트보다도 크다 할 수 있다. 옛 동산에서 키웠던 꿈은 미래를 품었던 꿈이니 보이지 않는 세상만큼 크다.

온갖 나무와 이름 모를 각종 꽃과 낮은 풀들이 흙에 머물러 산다. 큰 산은 큰 흙이다. 흙에선 아니 자라는 것이 없고 아니 깃드는 것이 없다. 무엇이든 깃들어 양분을 얻고 산다. 산에는 숲이 있고 숲에 깃든 새가 운다. 키 작은 나무와 키 큰 나무가 한데 어울려 숲을 이룬다. 한 가지만 자라는 산은 없다. 많은 생명이 어우러져 산이다. 그래서 큰 위로가 된다. 산을 오른다는 것은 산으로 들어간다는 말이다. 그러므로 산은 정복의 대상이 아닌, 안기고 깃드는 곳이다.

기도할 때 큰 산이 된다면 얼마나 많은 생명이 품어질까.

바다

바다보다 낮은 곳은 없다. 무엇이든 흘러 들어간다. 낮고 크니 마음 놓고 들어간다. 흘러온 것을 모으고 시치미를 뗀다. 어쩌면 저렇게 아무렇지도 않고 드러나는 것도 없을까. 깊음도 넓음도 바다보다 더한 것은 없다. 착한 물 중에도 착한 물이다. 맑은 물도 흘러 들어가지만, 온갖 오수 하수가 다 흘러들어가도 마다하지 않고 품어 낸다. 큰

물이요 큰 낮음이요 큰 깊음이다.

바다는 생명을 감춰 키운다. 다양하고 싱싱하게 품고 산다. 쉼 없는 물결과 파도는 스스로는 물론 뭇 생명들을 건강하게 만든다. 출렁이는 물결이 없다면 물은 이내 썩어버릴 것이다. 한 시도 잠자지 않는 바다는 푸른 숨을 멈추지 않는다. 하여 바다는 전체로 큰 생명이요 큰 양분이다. 물결과 파도는 늘 움직이지만 바라보는 이들에겐 늘 평평하고 넉넉하다. 밀려오는 물결이 평화롭게 보이는 것은 넓고 크기 때문이다. 고요한 것도 무서운 것도 바다만한 것은 없다. 바다에게서 침묵과 심판을 배운다. 그리고 그 분을 뵙는다.

바다는 둥근 지구를 감싸고 있으니 끝도 없다. 대륙과 대륙을 숨기우고 속으로 이어준다. 하여 큰 이웃을 가능케 한다.

기도할 때 바다가 되면 세상과 우주를 감싸며 노래할 것이다.

덤

한 겨울에 신혼살림을 시작한 13평짜리 주공아파트는 한기寒氣가 깊었습니다. 게다가 보일러마저 고장이 났었지요. 주인은 끝내 고쳐주지 않았습니다. 공연도 없었고 다른 벌이가 없던 때라 아내는 임신을 하고도 전기장판 하나로 겨울을 나야 했습니다. 책을 넘기면 찬바람이 일었고, 피아노 뚜껑을 열면 냉기가 올라왔습니다. 손가락 끝과 건반이 닿을 때마다 얼음을 만지는 것 같아 그랬는지 이십분도 채 되지 않은 시간에 지었던 노래입니다. 단순한 멜로디이지만 기도 속에서 머물고 싶었던 심정이 노래 안에 있습니다. 나중에 지은 5절의 가사가 이 마음을 대신합니다. "나는 기도할 때 기도가 된다." 차라리 내가 없어지고 현실이 사라진 공간이 사무치도록 그리웠던 모양입니다. 조그만 창으로 늘 볼 수 있었던 나무는 존재 자체로 위로였습니다. 나무에서 냇물로 그리고 옛 동산에서 고향 바다로 옮겨지는 묵상 속에서 만든 노래입니다.

은혜의 강가로

홍순관 시 | 오성주 글 곡 (1983년 만듦 〈새의 날개〉 음반 수록)

들에 핀 무명초도 열매를 맺고 꽃을 피우고 푸르러
땅과 더불어 하나님께 순응하건만
나는 향도 없는 내 놓을 것도 없는 빈 손 빈 몸입니다.
나는 진정 부끄러운 사람 목마른 사람입니다.
나는 늘 목이 말라 내 하나님의 강에서만 살기를 바라는 사람
그 강물 속의 양식으로만 살 수 있는 사람입니다.
아, 내 하나님은 진리의 강
거짓 없이 흐르는 풍요의 강
잃어버린 나의 겸손을 비추는 거울의 강
무디어진 나의 사랑을 가르쳐 주는 말씀의 강
내 하나님은 끝도 없는 큰 강
내 하나님은 하늘을 그림 그리는 구름의 강

내 주의 은혜 강가로 저 십자가의 강가로
내 주의 사랑 있는 곳 내 주의 강가로
갈한 나의 영혼을 생수로 가득 채우소서

피곤한 내 영혼위로 아 아아아아아 아 아아아아아~
내 주의 은혜 강가로 저 십자가의 강가로
내 주의 사랑 있는 곳 내 주의 강가로

　중학교와 대학교 2년 후배인 오성주 군의 곡이다. 그가 대학을 들어와 이 곡을 소개했는데 악보 밑에는 1981년이라고 쓰여 있었다. 고등학교 2학년 때에 작곡을 한 것이다. 그 외에도 몇 곡이 더 들어있는 작곡집을 부끄럽게 내밀며 내게 선물해준 기억이 생생하다. 당시로선 매우 성의 있게 악보를 그리고 편집한 책이었다. 음악대학 연습실에서 그 작곡집에 있던 몇 곡을 피아노로 들려주었고 나는 '은혜의 강가로'라는 곡에 마음이 움직였다. 그리고 1990년 음반 작업 때 이 곡을 녹음했다. 작곡자인 오성주가 부산에서 서울까지 올라와 직접 연주한 피아노가 음반에 실려 있다. 작곡 전공도 아니고 더군다나 피아노 전공도 아닌(테너전공) 그가 연주로 녹음을 한다는 것은 어린 나이에 꽤 배짱 있는 일이었다. 깔끔하고 군더더기 없는 피아노 연주가 영성 가득한 이 곡과 퍽 잘 어울렸다. 약간의 건반을 입힌 것 외에는 피아노가 연주의 다였다. 기교 있고 화려한 연주는 도리어 곡을 헤칠 염려가 있을 만큼 깨끗하고 순전한 곡이다. 레코딩의 경험이 없었던 때라 피아노 페달의 잡음이 그대로 들리지만 그것대로 또 맛이 있다. 종이 세 번 울리고 전주가 시작되면 스스로의 신앙을 회상할 수 있는 매력이 이 곡에 숨어있다. 오성주의 섬세한 감성과 교회에서 자라난 신앙심이 보태어진 곡이다. 노숙하고 연륜이 보이는 이 곡의 흐름은 지금 들어도 십대 때에 만든 것임을 잊게 만드는 수작이다.

음반을 녹음하기 전, 곡에 아주 조금 손을 댔다. 앞부분 시를 지어 낭독한 이유는 진중한 묵상meditation을 위함이었다. 또한 중간 허밍 부분 4마디를 만들어 넣었다. 마무리 부분 테마가 인트로와 반복이 되어 조금 싱거운 면이 있어서였다. 그 외에는 온전히 오성주의 곡이다. 작곡가와 함께 작업하고 녹음한 이 악보가 오리지널이다.

은혜 속에 산다는 것은 그 분이 필요할 때 수도꼭지처럼 틀었다 잠그는 편리함에 있지 않다. 매일을 그 분의 강물에 들어가 사는 삶이다. 하나님의 '친 백성'(디도서 2:14)을 나는 그렇게 이해한다. '하나님의 원圓 안에 머무는 삶'이다. 해서 개인적으로는 소위 '충전'이라는 단어로 상용되는 교회의 고정관념이 마음에 걸린다. 수련회다 부흥회다 특별새벽기도회다 해서 다소 연약해진 믿음을 일으켜 보겠다는 각오를 모르는 바 아니지만 이런 구태를 반복한다면 결국은 신앙의 걸음마 단계를 벗어나지 못하게 된다.

그 분 안에 산다는 것은 영원을 인식한다는 것이요, 경건을 유지한다는 말이니 그런 의미에서 이 노래의 한결같은 멜로디가 귀하게 여겨진다.

이 노래 가사 중 으뜸은 '십자가의 강가로'라는 부분이다. '은혜'의 강과 '십자가'의 강은 어쩌면 사뭇 다른 성격이라 할 수 있다. 평화롭고 안정된 곳과, 고난과 핍박의 세상인 십자가로 들어간다는 말은 상대적이다. 그러나 십자가가 곧 은혜요, 신자의 은혜는 십자가라는 말이다. 연단과 고난 없이 신자의 삶은 현실적이지 않다. 예수의 길을 따른다는 것은 쓸쓸하고 외롭고 그늘진 곳으로 들어간다는 말인 까닭이다.

어떻게 오성주는 약관의 나이도 되기 전, 이토록 온화하며 깊고 고요하면서 아늑한 노래를 지을 수 있었을까. 스무 살 시절 설레고 떨리는 마음으로 조심스럽게 녹음했던 그 때가 그립기만 하다.

십자가

윤동주 시 | 채일손 곡(1978년 만듦, 〈새의 날개〉 음반 수록)

쫓아오든 햇빛인데

지금 교회당 꼭대기

십자가에 걸리어 있네(였습니다.)

첨탑尖塔이 저렇게도 높은데

어떻게 올라 갈 수 있을까(가요)

종소리도 들려오지 않는데

휫파람이나 불며 서성거리다가,

괴로왓든 사람(사나이),

(행복한 예수)·그리스도에게처럼

십자가가 허락된다면

목아지를 드리우고

꽃처럼 피여나는 피를

어두워(어)가는 하늘 밑에

조용히(이) 흘리리라(겠읍니다.)

*( )는 원문

1941년 5월 31일. 윤동주가 원고지에 참하게 써내려간 '십자가' 원본 끝에는 시를 지은 날짜가 적혀 있다. 해방을 맞고 전쟁을 지나 37년이 흐른 뒤 이 시는 노래로 다시 지어졌다. 백성과 세상을 향해 눈 감고 귀 닫은 교회와 국가의 태도가 그때와 다르지 않다. 75년이 지난 현재도 우리의 시대상황은 매한가지다. 시인의 예민한 의식은 종교와 국가를 품고 신앙의 절정을 노래한다.

　쫓아오던 햇빛이 교회당 꼭대기 십자가에 걸린 것은, 할 일을 할 때가 되었다는 것.

　첨탑이 높아 오르지 못하는 것은, 할 일이 이렇게도 많은데 어떻게 다 감당할 수 있을까라는 고민.

　교회가 정부가 신자가 할 일을 하지 않으니 종소리도 울리지 않는다.

　시인은 안타까움에 서성거린다. 휘파람을 분다. 그리고 이 부박하고 심란한 시대에 십자가가 허락된다면, 차라리 행복하다고 한다. 괴로웠던 사람 예수, 행복한 예수 그리스도. 이보다 더한 역설이 있을 것이며, 이처럼 장르를 넘어선 반어법이 또 있을까.

　그리고 어두워가는 하늘 밑에 꽃처럼 피어나는 피를 조용히 흘리겠다고 노래한다. 생색을 내고 홍보에 들뜬 작금의 교회를 꾸짖는다. 최후에 흘릴 순교의 피도 남모르게 흘린다는 것의 아름다움이 여기 있다.

고등학교 때에 감동으로 다가와 마침내 신앙고백으로 자리매김하여 삶의 화두로, 인생의 지표로 실천의 본이 된 윤동주의 '십자가'

교회가 사회와 역사를 대하는 안목을 길러 주었고 속 신앙까지 눈뜨게 해준 스승 같은 시다. 비교적, 하는 일을 감추고 이름 내기를 삼가고 묵묵히 일 할 수 있었던 것은 이 시 덕분이다. 어떤 일을 하는 것도 중요하지만 그 끝에서 무심하게 사라지거나 싱겁게 돌아설 수 있는 지혜를 얻게 된 것도 이 시에게 빚진 덕목이다.

끝내, 침묵이 우리를 구원하실 것이다.

덤

고등학교 2학년 때로 기억합니다. 같은 반 친구가 교회에서 아는 형에게 배워왔다고, 악보도 없이 부르는 것을 받아쓰며 코드를 만들어 외워 놓았던 노래입니다.

10년이 지난 1989년 첫 음반을 녹음할 때 가장 먼저 떠올린 노래가 바로 이 노래입니다.

미국에서 들어온 노래들이 난무할 때 우리 언어, 우리 역사, 우리 정신이 담긴 노래였기에 첫 노래로 당당할 수 있었던 귀한 곡입니다. 윤동주의 시에 흠뻑 빠져 살던 며칠, 지어놓은 몇 곡이 더 있었지만 발표는 하지 못했습니다.

시간이 더 지난 92년, 서울에서 '기독교문화운동협의회'라는 모임을 가질 때, 강진에서 올라오신 채일손 목사님을 처음 뵈었습니다. 이 노래를 작곡한 분입니다. 음반을 발표하고도 얼굴도 연락처도 몰랐던 분입니다. 실제 악보도 그때 처음 보았습니다. 신통한 것은 원곡과 노래가 다르지 않았다는 사실입니다. 그분이 교회 안에서 우리 가락을 고수하며 수십 곡의 노래를 지으신 분이라는 것을 알고 배움이 컸습니다.

© 박현진

2.
신의 정원

어떤 바람

호시노 도미히로 시, 홍순관 개사 | 한경수 곡(1993년 만듦, 〈신의 정원〉 음반 수록)

바람은 보이지 않지만
나무에 불면 녹색 바람이
꽃에 불면 꽃바람 되고요.
음~ 바람은

방금 나를 지나간 그 바람은
어떤 바람 됐을까

 시대의 죄가 사무친다. 뛰어노는 아이들을 떳떳이 볼 수가 없다. 엄마 품에 안겨 동그란 눈을 뜬 아가의 눈을 차마 또렷이 대할 수가 없다. 우리 앞에서 어떤 일들이 벌어졌는지, 우리가 어떻게 그 일들을 마주했는지 기억해야한다.
 '기억한다'는 건 얼마나 고마운 일인가. 죽음의 나이를 세는 것이나, 자신이 태어나지도 않았던 과거에 일어난 일을 잊어버리지 않는다는 것은 깊은 관심과 세심한 살핌 없이는 어렵다.
 산업혁명과 자본주의, 제국주의와 신자유주의가 폭풍처

럼 지나간다. 어제를 지나 오늘, 오늘을 건너 내일. 그냥 된 것은 하나도 없다. 오늘은 그냥 오늘이 아니라 백년을 걸어온 오늘인 까닭이다.

지구에 사는 인류는 '발전'이라는 명분과 '현대화'라는 무기를 앞세워 얼마나 많은 죄를 저질렀는지 우리 모두가 아는 바이다. 기술이라는 사다리를 타고 부를 향해 욕망의 담을 넘는다. 그리하여 만나는 것은 탁한 공기, 썩은 물, 마른 땅, 사라지는 꽃, 갈라진 대지, 시드는 지구의 얼굴…

이런 모순들은 다름 아닌 바로 우리인간이 만든 '모든 문명'에서 비롯된다. 그럼에도 인간은 오늘도 밤낮을 모르며 집을 짓고, 산을 없애고, 도로를 닦고, 강을 막고, 생산하고, 또 생산하고…

'시대의 바람'이 지나간다. 각자의 인생에 '시간의 바람'이 분다. 이 시대는 제 숨을 쉬고 있는 걸까. 꽃에 바람 불어도 그 향기 없고, 들판에 무명초는 춤추지 않는다. 아침에 불어도 시작은 없고, 저녁에 불어도 쉼은 없다. 정직하지 않으면 지나가는 바람은 '다른 바람'이 된다. 외면하고 싶지만 이 시대를 지나가는 바람은 분명, 사람에게도 자연에게도 '다른 바람'이 되고 만다.

어이없는 죽음들이 우리 앞으로 매일매일 밀려온다. 수백 가지 이유를 들먹이고 다양한 담론을 형성하고 밤을 새워 토론하여도 그 속을 들여다보면 모두 '자본'과 무관하지 않다. '돈'이다. 인생을 멀리 보지 않는 것이다. 그래서 속절없는 세월 앞에 돈으로 버티고 저항하고 누리는 착각을 하는 것이다. 어떠한 진리도 경전도 윤리도, '돈'과 '누리는 이익' 앞에선 아무 것도 아니게 된다.

형언하기 어려운 참담한 비극 속에서도 생색을 내려는 눈동자들은 밤에 만난 짐승의 눈빛처럼 빛난다. 자본의 제국에서 벗어나려고 발버둥을 치고 안간힘을 쓰는 선한 싸움 속에서도 그 음흉한 얼굴은 여지없이 드러난다. 자본의 바다에서 호사를 누리는 자들보다도 그것을 상품으로 삼아 다시 제 뱃속을 채우는 소위 바리세인, 율법주의자들에겐 더욱 숨이 막힌다. 가식으로 얼굴을 가린 자들이다.

거대하고 막막한 괴물인 자본주의 앞에 서서, 그 끝없는 욕심과 폭력을 일상으로 대하며 한심한 무력감으로 비현실 같은 현실의 구렁텅이를 빠져나올 묘수를 아직 찾지 못하고 있다.

오마르 카이얌의 허무에 사무친 '루바이야트'를 되뇐다.

"아, 인생 기록을 다시 고쳐지었으면, 쓰여진 기록을 송두리째 지웠으면
이 마음에 꼭 들도록 다시 고쳐지었으면……"

창조 이후 세상을 다시 고쳐 쓸 수 있다면 아니, 적어도 내 인생 정도만이라도, 그도 아니면 한 삼십 년쯤만이라도 다시 살 수 있다면 좋겠다는 바람은 허무맹랑한 기도만은 아니다. 잘못 살아온 한 인간으로서 절절한 고백이요, '돌아봄'이다. 이만치 와 있는 세상을 보며 멈칫한다. 이 세상 달리는 모든 것들에게 멈추어보라고 말한다. 그러나 대답 대신 마른 모래바람만 일고 지나간다. 정치도, 경제도, 예술도, 종교도 계속 걷고 싶다면 지금은 멈춰야 한다.

불어오는 바람을 다시 바라본다. 일제강점기는 친일의 바람으로, 전쟁은 분단의 바람으로, 독재는 기득권의 바람으로, 이 모두는 또 한데 어울려 자본주의의 바람으로 불어온다.

그러나 절망만 있는 것은 아니다. 이 세상 추하고 나쁜 것들을 다 들이마시고 선하고 좋은 것으로 뿜어내주는 나무들이 있어서다. 그래서 숲은 위대하고 아름답다. 이 위대하고 아름다운 숲은 다름 아닌 예수다. 사람으로 오시며 고독의 바람으로, 빈들을 걸으시며 침묵의 바람으로, 빈자들에게 위로의 바람으로, 돌무덤에서 부활의 바람으로 일어나신 예수. 불고 싶은 대로 부는 바람이시여! 있는 듯 없는 듯 바람 같은 나의 님이여!

이 부박한 시대를 건너가는 바람은 어떤 바람이 될까?

역사와 시대의 쭉정이는 시간이 흐른 후에야 안다. 오래 걸리지만 확연히 드러난다. 연민과 진심으로 흐르는 눈물의 코드나 리듬은 국경과 시대를 넘어 다르지 않다. 이 눈물이 이 시대를 지나갔으면 좋겠다. 일 할 밖에, 농부처럼 입 다물고 허리 굽혀 일 할 밖에.

아, 방금 나를 지나간 바람은 '어떤 바람'이 됐을까?

덤 하나

'어떤 바람'은 일본의 시인 호시노 도미히로가 쓴 시입니다. 그는 체육교사를 하다가 철봉에서 떨어져 평생 몸을 쓰지 못하게 되었습니다. 그는 누워서 생활하게 되었지만 고통을 딛고 창작을 시작합니다. 입에 펜을 물어 쓴 시는 마음을 울렸고, 붓으로 그린 그림은 그 아름다움이 남다릅니다.

덤 둘

로크마커(Hans R. Rookmaaker)가 말한 "예술에서 기독교성을 결정짓는 것은 채택된 주제(theme)가 아니라, 거기 담긴 정신(spirit)이다."라는 지적은 지당합니다. 예컨대 양 한 마리를 그려놓았다고 해서 다 성화聖畵는 아니란 말이지요. 그것이 말하는 것이 성서를 근거로 하느냐, 하나님의 정신을 대신하고 있느냐의 문제가 핵심이라는 말입니다. '어떤 바람'은 그 숙제를 푸는 매우 적절한 노래입니다. 교회 용어는 찾아볼 수 없지만(굳이 말하자면, '바람'을 성령님이라고 할 수 있겠지만), '삶의 갱신'이라는 기독교의 진수를 이보다 더 잘 표현한 노랫말을 찾기란 어려울 것입니다.

산 밑으로

홍순관 글 | 한경수 곡 (1992년 만듦, 〈신의 정원〉 음반 수록)

산 밑으로 마을로 내려가자 내 사람들이 또 거기에 있다.
맨 발로 맨 발로 내려가자 내 그리스도가 또 거기에 있다.

이제 나는 산 밑에서 살겠습니다.
동산에 올랐던 시간을 안고 산 밑에서 살겠습니다.
거기 남겨둔 이야기와 눈물을 가끔씩 꺼내어 보며…
저 밑에 당신을 처음 만났던 때가 보입니다.
부끄런 맘으로 동산 곳곳에서 솔나무 향 맡으며
새를 따라 날기도 하여 배고파 사과나무로 달려갔던 일
바위에 앉아 노래 불렀던 그 시간들을
나는 일기처럼 잊지 않겠습니다.
동산을 오르다 만났던 나무 돌멩이 꽃 잡초들…
나는 인사도 제대로 못한 것 같아 마음에 걸리나
여기가 다 하나님의 산이니 그리 걱정은 없습니다.
만남의 여정이 끝나갈수록 오히려 피곤이 없어집니다.
우리의 만남은 무엇을 모으려 한 것이 아니라
무엇이든 버리려 했기 때문입니다

이제 나는 이 동산을 내려갑니다.
산 밑 어딘가에 또 살고 계실 예수의 집 한쪽에 방을 얻어
나는 거기에 살 것입니다. 그리고 하나님께 이렇게
인사드리겠습니다.
'하나님 학교 다녀왔습니다.'

산 밑으로 마을로 내려가자 내 사람들이 또 거기에 있다.
맨 발로 맨 발로 내려가자 내 그리스도가 또 거기에 있다.

"이제 하나님의 집은 사람들이 사는 곳에 있다. 하나님은 사람들과 함께 계시고 사람들은 하나님의 백성이 될 것이다. 그들의 하나님이 되셔서, 그들의 눈에서 모든 눈물을 씻어 주실 것이다. 이제는 죽음이 없고 슬픔도, 울부짖음도, 고통도 없을 것이다. 이전 것들이 다 사라져 버렸기 때문이다."(요한계시록 21:3-4)

하나님의 집은 사람들이 사는 곳에 있다. 하나님은 사람들과 함께 계시다. 이보다 더한 위로가 있을까. 그러나 하나님이 함께 계시다는 것을 어떻게 실감할 수 있을까. 육안으로 볼 수 없는 아름다운 이적들을 우리가 어찌 다 알 수 있을까.

노자老子는 '거선지居善地'라고 했다. 무위당 장일순 선생은 이 대목을 '사람 사는 데는 땅이 좋다. 생명이 깃드는 데는 땅이 좋다.'고 풀었다. 고개가 절로 끄덕여지는 해석이다. 예수는 사람의 아들이 되어 낮은 이 땅으로 오셨다. 그 분은 왜 낮은 이 땅에 오신 걸까. 높이도 모르고 오르려 발버둥치는 인간 사회에, 사람 사는 데는 '낮은 땅'이 좋다는 것을 몸소 가르치신 것이리라. 사람 사는 이 '땅'을 살 만한 곳으로 만들려고 하신 것이 분명하다.

그 분의 일상은 늘 냄새나고 추해서 사람들이 꺼려하는 곳을 찾아다니셨다. 상종도 하지 않는 이방여인에게 말을 걸었고, 돌로 맞아죽을 죄를 지은 여인의 생명을 감쌌다. 불치의 병에 걸린 병자들, 가망 없는 인생들을 만나고 위로했다. 사람 사는 이 땅에서도 가장 낮은 곳에 들어가 하신 일이다. 시선을 조금 달리하면 낮은 곳은 또 있다. 당시 가장 치졸하고 악랄한 직업, 세금 걷는 일을 하며 부자가 된 세리장 삭게오의 집에 들러 그 곳에서 예수께서 하룻밤 유하려 할 때 사람들은 뒤에서 수군댔다. 제자들도 스승의 행동이 꺼림칙했다.

신분 계급 빈부 남녀를 구분하지 않더라도 '고립된 낮은 곳'은 어디에든 있다. 사람답게 살지 못하는 곳은 모두 낮은 곳이다. 예수께선 그 곳으로 가셨다. 그곳에서도 군림

하지 않으셨고 생색내지도 않으셨다. 도우시고 위로하시며 함께 아파하셨다. 더불어 먹고 마시기를 즐긴 것도 경계와 벽을 허문 일상적이고도 실질적인 행동이었다. 가기 싫은 곳이 낮은 곳이며 위험한 곳이 낮은 곳이다. 꺼려하는 곳이 낮은 곳이며 머물기 어려운 곳이 낮은 곳이다.

밑에는 땅이 있다. 땅은 흙으로 덮여 있다. 흙은 사람이다. 사람이 곧 흙이다. 사람이 곧 땅이다.

함석헌 선생은 '흙'을 이렇게 풀었다.

"흙! 씨알의 바탕인 흙이 무엇입니까? 바위의 부서진 것입니다. 바위를 부순 것이 누구입니까? 비와 바람입니다. 비와 바람은 폭력으로 바위를 부순 것 아닙니다. 부드러운 손으로 쓸고 쓸어서 따뜻한 입김으로 불고 불어서 그것을 했습니다. 흙이야말로 평화의 산물입니다."

사람이 평화가 아니라면 제 몸을 잊고 사는 것이다. 사람은 흙이니 절로 평화다. 밟히고, 품고, 자라게 하고, 버텨주는 흙이 사람의 원형이다. 예수는 그 원형을 보여주셨다.

이 세상 가장 낮은 곳엔 무엇이 있을까. 생명과 근원이 소리도 없이 넘실거리고 있을 것이다. 예부터 거기서 일하시던 낮은 이의 얼굴을 가까이 대할 수 있는 감격이 있으리라. 하나님의 집이 사람 사는 데 있다고 하신 것은, 계시도, 약속도 아닌 실상이다.

'산 밑'은 메타포다. '낮은 땅'이라는 뜻이다. 땅은 하나님께서 모든 생물들에게 지어주신 집이다. 인간만 사는 곳이 아니라 식물과 동물, 나무와 새, 고기들도 여기에 속한다. 바다도 결국 땅 위에서 넘실거린다. 하나님과 자연, 하나님과 인간, 인간과 인간의 관계에 대해, 더불어 사이좋게 살라고 하신 말씀이 창세기의 전부다. 땅 위에 사는 모든 존재들에게 말씀하신 첫 번째가 '함께' 잘 살라는 당부다. 그러기에 '낮은 땅'은 신자의 집에 대한 메타포요, 우리가 가야 할 곳이 된다.

아래 위 두 줄이 같은 멜로디의 노래다. 그 가운데의 글은 모두 내레이션이다. 뒤에서 들리는 첼로의 선율은 절로 산 밑 사람들을 그려준다. 그만큼 애잔하여 연주할 때마다 감정이 오르는 곡이다. 한경수의 재주다. 그의 타고난 감성은 슬픔으로 섬세하다. 슬픔보다 더한 설득력은 없다. 슬픔보다 아름다운 것은 없을 것이다. 〈산 밑으로〉는 정을 떼는 슬픔이 아니요, 있던 곳(익숙한 곳)을 떠나 저 아래 땅(낯선 곳)에 사는 사람들을 다시 만나러 가는 학생의 발걸음이다.

덤

'산 밑으로'는 1992년 라디오 심야방송을 진행했을 때 만든 노래입니다. 〈밤이 깊은 동산에서〉라는 프로그램입니다. 하루를 다하여 정성으로 준비했던 '매일방송'입니다. 방송원고와 선곡까지 해내는 일은 결코 쉽지 않았습니다. 당시 신학생들이 들어도 도움이 되는 방송을 하겠다는 다부진 각오가 있었기에 몸을 혹사할 만큼 방송내용에 매달렸던 기억입니다. 방송 하나 가지고 뭐 그리 과장을 하느냐고 하실 수도 있습니다. 방송은 제 꿈에 하나였기 때문에 소홀히 할 수는 없었습니다. 그러나 그 방송국은 '기독교'라는 문패를 달고 복음으로 세상을 포용하고 하나님나라를 넓히는 것이 아닌 도리어 스스로 독단적 용어와 폐쇄적 행정으로 언어와 선곡에 벽이 있었습니다. '기독교적'이라는 색깔이 곧 목표일 수 있는 터라, 내게 있어 지혜는 '기독교적'이면서 '일반적'이고, '성서적'이면서 '객관적'인 방송을 만드는 것이었습니다. 이것은 지금도 아쉬운 대목입니다. 소위, '복음성가'와 '기독교방송'이 기독교 신자만을 위하는 것이라면 그것은 아쉬움을 넘어 성서의 가르침과도 맞지 않는 그릇된 길이라 생각됩니다. 각설하고 방송 불과 6개월 만에 부당하고 가소로운 이유로 중단하게 되었습니다. '산 밑으로'는 정들었던 청취자들과 이별을 고하며 진행했던 고별방송 때 마지막으로 지어 읽었던 글입니다. 진행자와 듣던 분들의 진한 교감이 있었기에 숨길 수 없는 절절함이 있습니다. 다만, 서른이라는 약관의 나이가 있어 "학교 다녀왔습니다."라는 학생의 마음을 품을 수 있었던 것이 그나마 고마운 일이었습니다.

여행

홍순관 글 | 홍순관 한경수 곡 (1993년 만듦, 〈신의 정원〉 음반 수록)

아버지의 나라를 가기위하여
나는 먼 여행을 떠날 필요가 없어

내가 사는 이 땅위에는 하늘나라 이야기 펼쳐있네
저기 숨어 피는 들꽃으로 그 나라가 그려지네
사람들 위하여 땀 흘리는 친구의 마음으로
저 아침 바다가 불러주는 조용한 그 노래로

내가 사는 이 땅위에는 하늘나라 향기가 가득하네
저기 숨어 피는 들꽃으로 그 나라가 그려지네
*벼 이삭 사이로 잠들러간 따사로운 햇살로
인내의 풀과 은혜의 잎과 사랑의 그 열매로

  우찌무라 간조內村鑑三는, 《나는 어떻게 크리스천이 되었는가?》라는 책에서 이렇게 쓴다.

*가사 "벼 이삭 사이로 잠들러 간 따사로운 햇살로"는 양병집의 노래 "나는 보았지요"에서 인용하여 조금 바꾼 것입니다.

"황홀경(ecstasy)에 도취된 순간이나, 영적광명(illumination)이 번득임을 경험하지 못한 것도 아니지만, 그러나 나의 회심은 서서히 점진적인 과정을 더듬었다. 나는 하루 만에 회심한 것이 아니다."

일상의 진정성이 묻어나는 고백이다. 일기日記 없이 전기傳記 없고, 일상日常 없이 역사歷史는 없다. 신앙생활에 입문하는 사람들은 과장을 섞거나 감격을 포장하는 경우가 흔하지만, 엄격한 절제와 오랜 묵상을 실천하는 사람들은 평범한 진리를 신비로 여기며 신자로서 걸음을 걷는다.

해가 뜨고 지며, 꽃이 피고 지는 순리와 아침과 저녁이 되는 순환을 은혜의 본으로 여기며 산다. 숨을 쉬고, 잠을 자고, 깨어나고, 웃고, 울고, 걷고, 뛰고, 밥을 짓고, 채소를 기르고, 사람을 만나고, 이야기를 나누고, 글을 쓰고, 책을 읽고, 노래를 부르고, 그림을 그리며 천국이 따로 없음을 맛보는 것이다. '오늘 하루' 일상에 골똘히 산다면 사심이 있을 리 없고 욕심이 붙을 리 없다. 높아지려고, 크게 되려고, 많이 가지려고 하는 소유욕은 신자의 삶과는 멀다. 무엇을 꼭 이루고 어떤 것을 꼭 만들어내야 한다는 강박에서 벗어나야 한다. 부는 바람처럼 자연스럽고, 있다 없는 구름처럼 싱거우며 강물처럼 심심하게 사는 일상에서 하나님 나라의 향을 맡고 그림을 그릴 수 있어야 한다.

고대 그리스 철학가 '헤라클레이토스Herakleitos'는 『만물에 대하여』라는 글에서 "잠자는 사람까지도 일한다. 그리고 우주에서 일어나는 일에 참여한다."라고 말한다. 나뭇잎은 떨어지며 우주를 돌아눕고, 별똥별이 떨어지며 하늘의 기운을 바꾼다. 하물며 우리가 진실의 땀을 흘리는 현장에서야 그 분의 나라가 이루어 질 것임이 분명하다. 곳곳에서 피어나는 생명들은 무명초에서 흐르는 향처럼 진리의 제사를 올리고 있는 것이다.

씨앗이 과일로 익고, 농부의 땀이 벼이삭으로 자라며, 숨어 피는 들꽃이 세상을 숨 쉬게 한다. 작게 낮게 느리게 사는 생명들이 창조의 시간을 짐작하게 한다. 자연과 같이 숨 쉬고 아침바다처럼 모르게 땀 흘리는 벗들의 실천이 하늘나라를 일군다. 그 분의 나라를 가(알)기 위하여 먼 여행을 떠날 필요는 없다.

아, 그리고 보니 그리운 하늘나라 이야기가 이 세상에 그득하다.

3.
민들레 날고

민들레 날고

홍순관 글 | 이해식 곡(1994년 만듦, 〈민들레 날고〉 음반 수록)

세월을 따라온 노란 민들레
바람 따라 말없이 날아와
이 땅에서 하늘을 살다
또 떠나야만 하나 음~ 어허
민들레 날고 사랑도 날고

긴 강을 건너간 노란 민들레
바람 따라 외롭게 날아가
그 땅에서 흙 이불 덮고 살다
작은 꽃 피워낸 음~ 어허
민들레 날고 자유가 날고

당시(1986~1998), 한창 무용무대미술을 할 때다. 작곡가 이해식 선생은 춤에 일가견이 있어 무용음악에 참여했다. 국악을 전공한 선생의 독특한 리듬과 선율은 내 마음을 끌었다. 하여 무대에서 만난 인연으로 곡을 써달라고 청했고, 선생은 의아해 하면서도-가수라고 말하지 않았기에-

쾌히 허락을 해 주었다. 놀랍게도 며칠 되지 않아 아름다운 곡들이 탄생하였다. "노랫말이 좋아 다른 일을 미루고 금방 쓰게 되었네요."라는 대답과 함께 총보總譜를 선물 받았다. (이해식 선생의 음악세계를 여기서 자세히 다룰 수는 없다. 선생은 1960년대 말부터 본격적으로 작곡활동을 시작하여 좁은 국악동네에 그만의 음악어법으로 춤이 가득한 곡들을 지어 내놓았다. 국악창작곡이 다양해지고 기존의 틀에서 수준을 끌어올렸다면 단연 선생의 솜씨요, 공로다. 국악계에서도 독보적인 작곡가로 알려져 있다.)

이 곡은 우리 악기(대금, 해금, 가야금, 장고)만으로 만들었다.

말하듯, 가스펠을 국악으로 처음 실험해본 것이다. '실험'이라는 말은 이런 의미에서다. 국악은 저음(베이스) 해결이 어렵다. 음악에서 리듬(타악기)과 베이스(저음)는 절대적이라 할 수 있다. 잘 드러나지 않지만 저음이 없다면 가볍고 싱거워진다. 집으로 말하면 대들보 같은 역할이다. 저음이 무너지면 전체가 흐트러진다. 근래 발표하는 창작국악, 퓨전국악을 들어보면 신시사이저synthesizer라고 불리는 건반을 밑에 깔아놓고 위에 가야금, 소금, 대금, 해금, 아쟁 등을 얹어가는 것이 대부분이다. 일종의 안전장치 같은 것이다. 다른 국악기로서는 해결이 어렵다. 개량이 필요하고 연구의 시간(세월)이 필요한 대목이다. 강점기와 전쟁, 그리고 경제개발로 이어지는 난잡한 역사 속에 '이 시간'이 묻혀버렸다.

하여 '실험'이다. 그 안전장치를 빼고 우리 악기로만 정면 돌파를 한 셈이다. 개인적으론 소위 '국악의 대중화'라는 표현과 정신도 못마땅하다. 동기가 콤플렉스다. 물론 연민이 느껴지는 현상이다. 우리 땅에서 우리 음악을 호소하는 것이다. '대중화'란 말에는 알아줬으면 좋겠다는 마음이 숨어 있다. '이 시간' 없이는 자연스러운 '대중화'는 가능하지 않다. 그 세월 끊이지 않고 우리음악이 지금까지 왔다면 어떤 음악이었을까를 궁리하고 고민해야 한다.

마치 미국교회에서 여과 없이 수입한 '경배와 찬양'류의 노래로 청소년과 청년들을 교회당 안으로 끌어 모았다고 다 되는 것이 아닌 것과 같다. 미국의 설득력이 한국과 같다고 여기는 단순함과 무모함을 이 땅의 많은 교회들이 받아들인 것은 '숫자(대중화)'에 집중했던 탓이다. 복음의 진수와 기독교의 본질에 충실하지 못한 이유에서다. 국악이 가진 아름다움에 '끊어진 시간'을 잇는 노력을 뒤로하고 '대중화'에 몰입한다면 진수와 본질은 뒷전이 된다. 문화는 총체적인 것이다. 어느 한 가지는 괜찮은데 어느 분야는 못한 것이 아니라 결국 '민족의 수준'이고, '지구의 수준'이다. 겉만 바뀐다고 되는 것이 아니라, 속이 거듭나야 한다.

한국교회에서는 한국의 사정과 정서와 미래를 다뤄야 하고 그러기 위해 우리의 아름다운 언어를 잘 사용해야 함에도, 직역에서 오는 영어식 말을 노래한다는 것은 아무래도 어색한 일이다.

덧붙이자면, 노래를 부르며 짓는 표정과 손짓, 사용하는 언어들도 낯설다. 개인의 진정성을 다 부정하는 것은 아니다. 개인도 그러려니와 전체가 중독된다면 짧은 세월에는 회복이 불가능하기 때문에 치명적이다. 중독이란 강한 단어를 쓴 것은 '사실'이기 때문이다. 이 글을 읽으며 고개가 갸우뚱해진다면 이미 그 문화의 중독자다. 한국교회에서 이런 현상은 30년이 넘었다. 일제식민지 36년을 떠올리면 이해를 도울 수 있다. 그 시기에 살았던 어른들은 평생 그 향수 아닌 향수를 몸에 지니고 왜정 때 언어와 습관을 떼어버리지 못하고 살아간다. 그러기에 치명적이다. 중독은 스스로 빠져나오기 어렵다. 제 모습도 찾기 어려워진다. 제 모습이란 '자아' 같은 것이다. 자아가 바로 서지도 못했는데 남의 것을 제 것인 양 한들, 한계는 이내 드러나는 법이다. 지금 한국교회는 그 시간이 와 있다.

우리가 믿는 기독교의 하나님은 미국에서 살다 오신 하나님이 아니라, 성서에 나와 있는 창조의 하나님이다. 남의 것을 수십 년 따라 하다보면 '내'가 누군지 모르게 된다. 몸에 익어져서 나오는 '내 것'이 아니라 흉내가 '내 것'이 된다. 임서臨書도, 임화臨畵도 목적이 아닌 과정이다. 깊은 진정성을 발휘하기 어렵고 이에 벗어나지 못한다면 '나와 하나님'이 아닌 '어떤 무엇과 하나님'이 될 뿐이다.

1994년 4월 발매한 이 음반은 당시 대부분 기독교서점에서 받아들여지지 않아 사장死藏되었다. 익숙하지 않은 것에 대한 마녀사냥이었다. '사탄음악'이라고, '불교음악'이라고, '굿 음악'이라고 돌팔매질을 받았다. 관념의 폭력을 맛보았다. 음반전문점이 필요한 이유다.

한편, 국악을 교회에게 설득해야 하는 것도 측은한 일이다. 제 나라에서 제 음악을 구걸하는 모양새다. 억지로 구색을 갖추는 음악으로서 혹은 껍데기 문화로서가 아닌 자연스러운 음악, 절로 다져진 문화로 자리잡아야 한다. 이 구조를 극복하지 못한다면 내내 우리음악은 뒷걸음질을 할 것이다.

'국악'이라는 표현도 어색하다. '한국음악'의 줄임말이다. 그렇다면 모든 나라의 음악이 국악이 된다. 〈민들레 날고〉 음반 자켓에 고민하다 그냥 '홍순관의 우리노래'라고 한 것도 그런 까닭이었다.

가장 어렵고 중요한 것은 노랫말이다. 우리말의 아름다움과 우리언어의 정서를 담아, 시를 잃어버리고 메타포가 사라진 이 시대 대중의 귀에, 게다가 '익숙하지 않은 소리(국악기)'로 설득해야 하는 어려움이 있다. 국악기와 성서의 이야기와 노래꾼의 음성이 낯선 거북함이 아닌 신선한 정다움으로 다가가야 한다. 거기에 시대적 감각이(국제적 감각까지) 따라가야 한다. 외국 악기에 젖은 귀를 국악기로 바꿀 때 필요한 높은 테크닉은 생각보다 까다롭고 부담스러운 일이다. 그런 면에서 〈민들레 날고〉 음반에 참여한 뛰어난 연주자들은 그런 걱정을 많은 부분 덜어주었다. 이준호(소금 대금 단소/현,KBS국악관현악단 상임지휘), 정수년(해금/현,한국예술종합대학교 교수), 이지영(가얏고/현,서울대학교 교수) 등 모두 현재까지도 자타가 공인하는 최고의 연주자들이다. 첫 공연에는 국악실내악의 선두주자였던 '슬기둥'이 맡았으니 원일(피리/전,국립국악관현악단예술감독), 민영치(대금, 타악기/전문연주자), 김용우(장고/소리꾼)까지 연주자로 함께하여 그야말로 기라성 같은 멤버가 무대를 꾸며주었다. 기독교 음반동네에서 찬밥 신세였던 이 음악이 무대에선 국빈대접을 받은 셈이다.

아무 것도 없고 꿈만 있던 시절, 가진 것을 모두 쏟아 부은 음반이다. 대중들에게 다시 한 번 들려지기를 바랄 뿐이다.

음반 제목과 같은 제목을 가진 노래 '민들레 날고'. 해금이 길을 나서면 리드미컬한 18현금(가얏고)은 민들레처럼 춤을 추고 대금은 또 가얏고를 따라 바람을 탄다. 그리고 바다를 건너 아득하고 외로운 여행을 떠난다.

노랫말은 '파파뉴기니(PAPUA NEW GUINEA)' 코라(KORA) 부족이 사는 마을로 떠난 선교사 부부에게 보냈던 편지다.

이십여 년 전 바다를 건너, 부족 이름조차 생소한 원시 부족에게 들어간다는 두 분께 보냈던 글이다. 선교라는 이름으로 문명과 닿지 않아 벌거벗은 그 사회 속에 옷을 입히기 위한 공장을 짓는 일과, 나(외부문명)를 중심으로 놓고 그들을 재단하는 일은 없어야 한다는, 나아가 그들과 같이 숨 쉬다가 그곳에 뼈를 묻어야 하는 일임을 상기시켰던 당돌한 편지다. 지금까지 이 두 분은 새도 물도 없는 고지대에서 부족 사람들과 섞이어 최소한의 살림으로 살아간다. 그들의 언어를 연구하여 성서를 번역하는 일에 몰두하고 있다. 미개와 단절이 일상인 그곳에 '조선민들레'를 심은 것이다. 예수의 씨앗은 이미 자라나 교회공동체를 피우고 있다.

이 땅 어디에서나 흔히 볼 수 있는 꽃, 민들레. 그 꽃은 흔하지만(예수시대에 '예수'라는 이름이 흔했던 것처럼), 보기 좋고 달여 먹으면 몸에도 좋은 야생화다. 어느 구석에라도 날아 앉아 척박한 땅에도 뿌리를 내리고 줄기를 올려 기어코 꽃을 피어낸다. 가냘프고 끈질기며 지혜로운 꽃이다.

바다를 건너간 조선민들레. 흙 한줌이면 뿌리를 내리는 민들레. 흰색 갓털처럼 가벼운 삶을 사신 예수. 바람은 성령이요, 뿌리는 말씀이다. 민들레 날고 예수가 날고~ 민들레 날고 자유가 날고~!

창신의 천박

작금에서 벌어지는 국악의 행태는 가히 '창신刱新의 천박'을 보여주는 예이다. 이른바 '창신을 한답시고 재주 부릴진댄 차라리 법고法古를 하다가 고루해지는 편이 낫겠다.'는 연암의 충고가 뼛속깊이 울리는 시대다. 퓨전이니 크로스오버니 하는 주어들은 장르를 흉내 내는 것이다. 주관도 자아도 자존도 정통도 사라진 한국음악의 길은 어딘가? 정부에서 나누어준 귀퉁이 예산을 가지고 무한반복과 호사를 누리는 유치함과 비리를 걷어내는 일부터다. 인류가 터득해 놓은 음악의 깊이와 찬란함을 매진하여 이해하고 우리음악의 매력을 한껏 도모해야 한다. 그야말로 법고도 창신도 학생의 자세와 태도로 새롭게 공부해야 한다. 요란스러운 의상과 가당치않은 장치 따위로는 여백과 정신을 연주하는 우리음악을 헤칠 뿐이다. 예부터 내려오는 우리 것을 생소하고 특별한 음악을 하는 양, 으스대는 꼴은 무지의 극을 보여준다. 새롭게 해석한다는 것은 전통의 맥과 뿌리를 충분히 익힌 다음 오는 과정이요 결과이다. 세월과

참신함의 경계는 무엇인가? 자연스러운 시간이다. 끊이지 않고 오는 자연스러움이다. 억지가 아니요, 모방도 아니다. 딴청을 피다가 무대에서 보여주는 음악이 아니라, 생활과 마음에서 우러나오는 가락을 말한다. 식민지 36년의 단절된 역사를 감안하더라도 스스로 자존의 상태를 짓밟고 놓친 지 오래다. 법고와 창신이 엉킨 까닭이나 뚫고 나갈 길과 슬기는 엿보인다. 지구에 온지 오래된 영혼들은 창신을, 지구에 오는 새로운 영혼들은 법고의 길을 걸어야 할 것이다.

성모 형

홍순관 글 | 한경수 곡(1993년 만듦, 〈민들레 날고〉 수록)

노을이 물들어 서산에 해지며는
부르던 이 노래도 고향집으로 갈까
이 세월이 가면 고운 노래도
시간에 흩날리어 찾을 수 없게 되오
성모 형 지금이야 우리가 부를 노래
아버지 들려주던 그 노래를 부르오

 글쎄, 같이 사는 것만큼 어려운 것이 '같이 노래(프로페셔널 듀엣, 합창단, 밴드 등)하는 거라 본다. 마음 맞는다고 되는 것도 아니요, 음악성이 맞다고 다는 아니다.
 '성모 형'과 나는 듀엣으로 노래를 불렀다. 우연히 서로의 노래를 들을 수 있었고 따로 의논 없이 그 후부터 자연스럽게 함께 노래했으니 천생연분이었다. 그리고 2년 후인 1989년도에는 음반도 만들었다. 연습하지 않아도 서로 어떻게 부를 것인지를 잘 알았다. 그 속을 다 안 것이다.
 찬송가를 그만큼 잘 부르는 사람도 드물 것이다. 몇 소절 지나면 이미 눈시울이 붉어지고, 후렴이 또 지나면 어느새 눈가는 젖어있다. 신기할 정도로 매번 감동이다. 타고난 소리요, 영감어린 해석이 있어서다.

성모 형은 음식을 절제하지 못하는 병이 있었는데, 그중에서도 술은 식사 때마다 필수였다. 중독이었다. 타고난 거구에 대학 때부터 당뇨병이 와 합병증에 시달렸다. 100kg이 거뜬히 넘는 체중에 매일같이 술을 마셨으니 배겨날 몸이 없었을 터. 그래도 새벽이면 눈을 뜨고 할 일을 하는 매우 강한 사람이었다. 그러나 한계는 있는 법. 형은 2008년 이 세상을 떠났다.

'성모 형'이란 노래가 나온 것이 1993년이니 따지고 보면 꽤 오래 버틴 셈이다. 절제 없는 생활에, 듀엣을 한지 얼마 못가서 함께 노래하는 것을 포기했었다. 노래솜씨야 어디 가지 않았지만 호흡이 점차 거칠어졌고 우선 모습이 엉망이었다. 그렇게 버티는 마음은 더했을 것이다. 형은 점차 무대를 꺼려했다.

피아니스트 겸 작곡가인 한경수에게 성모 형을 생각하며(몇 년 동안 경수도 함께 공연했었다.) 멜로디 하나를 써보라고 했다. 방에 들어가더니 얼마 되지 않아 기막힌 가락을 지어 가지고 나왔다. 그 악보를 들고 방에 혼자 들어가 노랫말을 붙였다.

두 사람이 합쳐 두 시간도 채 걸리지 않아 만들어진 것은 평소 형에 대한 애틋함이 깊어서였다. 나중에 녹음을 할 때에도 단 한 번에 끝낸 곡이다. 어떤 곡인지 들어보자고 하며 녹음실로 들어간 이준호 형은 악보를 보며 단번에 소금을 불었고, 메트로놈metronome 없이 피아노와 노래가 같이 가야 하는 곡이기에 별 수 없이 함께 연주했는데 그것이 그대로 남았다. 더 이상 그보다 더 좋은 느낌은 어렵다고 생각하여 부족한 부분을 안고 그대로 음반에 실었다.

이준호 형의 소금小笒과, 한경수의 피아노가 연주의 전부다. 구슬프고 서정적이며 깊고 말쑥한 곡이다.

1994년 종로 연강홀에서 국악실내악단 '슬기둥'과 함께 초연했다. 부산에서 올라와 노래를 듣던 성모 형은 노래를 다 듣지도 못하고 공연 도중에 밖으로 나가버렸다. 공연장 로비에서 어깨를 들썩이며 우는 형의 모습은 보지 않아도 알 수 있었다.

이 노래는 '시간'에 관한 노래다. 또한 '중독'에 관한 노래이기도 하다. 다시 말해, 시간에 중독되면 돌이킬 수 없음을 이야기한다. '지금' '여기'에서 이 노래를 부르자고 권한다.

통일도, 환경도 이 시간을 잃어버린다면 어려워진다. 눈앞에서 벌어지는 대형 참사들도 '거짓'에 중독되면 원인의 분별력을 잃고 진실을 잃어버리게 된다. 매일 뉴스에서 밤낮없이 쏟아내는 사회의 비리와 부정과 사건을 대하다보면 조작이 뭔지 진실이 뭔지 구분이 어렵다. 양과 속도가 감각을 무디게 하는 것이다. 여기에 시간까지 쌓이다보면 또 다시 흐릿해지는 중독 현상이 생기기 마련이다.

중독되면 자신이 무엇을 하는지도 모르게 되며 결국 삶은 망가진다. 무엇보다 이 시대 최대의 숙제인 '통일'에 절실함이 없는 것도, 바로 시간에 중독되었기 때문이다. '분단의 중독' 참 무서운 일이다. 지구촌 유일한 분단국가임에도 시간은 우리를 무디게 한다. 우리 언어를 잃어버린 노래의 까닭도 자본주의에 입성한 분별없는 카피(복사)에 중독되었기 때문이다.

서산에 해지기 전에 '지금' '우리'를 노래해야 한다.

4.
나처럼 사는 건

나처럼 사는 건

한희철 홍순관 글 | 한경수 곡 (2002년 만듦, 〈나처럼 사는 건 나밖에 없지〉 음반 수록)

들의 꽃이
산의 나무가 가르쳐줬어요.
그 흔한 꽃이 산의 나무가
가르쳐줬어요.
나처럼 사는 건 나밖에 없다고
강아지풀도 흔들리고 있어요
바람에 음~

저 긴 강이
넓은 바다가 가르쳐 줬어요
세월의 강이 침묵의 바다가
가르쳐 줬어요
나처럼 사는 건 나밖에 없다고
강아지풀도 흔들리고 있어요
바람에 음~

   주어진 삶을 산다는 것은 고귀하고 아름다운 일이다. 그

것은 매여 있다거나, 한정된 장소, 정해진 운명, 일상의 한계를 말하는 것이 아니요, 창조의 숨을 간직한 채 산다는 것을 말한다.

아주 작은 생명체들은 세상이 모르는 사이, 땅과 물을 건강하게 만든다. 조그만 생명체들이 제 숨을 쉬지 않게 된다면 땅도 물도 이내 썩게 된다.

생각하면 이 지구상에서 '제 숨'을 쉬지 않고 사는 생명체는 '인간'밖에 없는 듯하다. 착취와 약탈과 파괴를 일상으로 사는 인간은 잔인하고 포악한 짓에 빠져 자신들이 하는 짓이 도무지 뭔지 모르고 사는 지경에 이르고 말았다. 그것은 '어떤 나쁜 무리'를 가리키는 것이 아니라, 자본주의 산업사회에 사는 모든 인류를 말한다. 심각한 문제는 '모른다'는 것에 있다. 자신은 아니라고 생각하는 망각과 폭력의 중독성에 있다.

폭력은 쉬이 보이기도 하나, 공정해야 할 법과 제도와 질서 속에서도 얼마든지 약자에게 불리하게 작용되며 또한 잘 드러나지 않지만 심각한 해를 끼친다. '무한 경쟁'이라는 폭력적 시스템은 언뜻, 마치 민주주의나 자유를 연상케 한다. 언론, 광고 심지어 종교와 교육에서까지 이를 부추긴다. 가리지 말고 층을 두지 말고 마음대로 경쟁을 하라는 것이다. 예컨대 대학생과 초등학생의 대결이 이치에 맞는 경쟁일 리가 없고, 대기업과 중소기업 간에 서로 겨뤄보라고 한다면 공정한 경쟁도 아니다. 그러므로 강대국과 약소국이 자본과 기술을 무기로 하는 경쟁은 '무한폭력'임을 인정해야 한다. 이는 '제 숨' 더 잘 쉬려고 '남의 숨'마저 교묘히 빼앗아 쉬는 잔인한 구도에 다름 아니다.

제 숨 쉬지 않는 세상은 평화가 깨진 세상이다. 더불어 살라는 창조의 숨이 멎어지면 인간은 이 지구상에서 살 수 없게 된다. 그것은 창조를 행하신 그 분의 뜻이 아니요, 인간의 문명으로 인한 참담한 결과다. 그것은 자본주의의 스포츠카를 타고 끝 간데 없이 치닫는 어리석음의 끝이다. 대량생산과 마구잡이 소비로 이어지는 쓰레기 만들기와 과학기술의 오만함으로 빚어지는 유전자 조작은 지구와 인류를 벼랑 끝으로 몰고 간다. 막다른 골목에 선 인류의 문명이 숨을 헐떡이며 기대어 있다.

'발전과 혜택'이라는 유혹의 문패를 걸어놓고 온갖 형태의 스피드를 추구하지만, 대형마켓과 백화점에선 물건과 사람으로, 고속도로에서는 각종 자동차들로 꽉꽉 막혀 꼼짝도 못하는 우스꽝스런 장면을 하루에도 몇 번씩 만나게 된다. 온갖 오물을 흘려보내며 썩을 시간도 주지 않는 잔인한 횡포는 인간만이 행하는 물에 대한 야만이요, 땅에 대한 만행이다.

흙으로 지어져 그 분의 생기(숨)를 받아 살다가, 다시 흙으로 돌아갈 존재인 인간이 어떤 인생을 살아야 할지는 조금만 묵상을 해봐도 알 일이다. 끝내 종교의 행위만 드러내고, 만드신 이의 목적을 잃는다면 그 결과는 생각보다 훨씬 심각할 것임이 분명하다.

오늘도, 들의 꽃이 산의 나무가 말한다. 세월의 강이 침묵의 바다가 인류의 귀에 들려준다. 제 숨 쉬며 살라고 말한다.

강아지풀이 바람에 흔들린다. 다행이다. 자연만물이 (아직은)입을 완전히 다물지는 않았으니 말이다.

덤

1991년 즈음입니다. 집으로 「얘기마을」이라는 쪽지 글이 꼬박꼬박 배달되었습니다. 강원도 원주시 부론면에 있는 단강교회가 매주 발행하는 주보였습니다. 맨 앞장에는 늘 시가 있었고, 예배순서와 성도들의 서툰 기도 그리고 뒷장에는 교회와 마을소식까지, 손으로 쓴 글이 빼곡히 실려 있었지요. 삐뚤고 정감어린 손 글씨는 검소하고도 알뜰한 살림을 보는 것 같았습니다. 단강마을 사람들의 가감 없고 꾸밈없는 일기였습니다. 목양일념牧羊一念, 양떼를 살피는 선한 목자의 연민이 담긴 애가哀歌였습니다. 눈물은 주보를 자주 젖게 하였습니다. 거기 앞에 실렸던 이 글(1절 노랫말)은 단아하고 깔끔하여 단숨에 내 마음을 사로잡았습니다. 서정적이면서 회화적이었고, 고요하면서 풍요로웠습니다.

한경수의 솜씨로 잠잠히 흐르는 피아노 선율은 바람이 불고 물결이 일고 들판이 일렁입니다. 음악이 그림이 됩니다. 높낮이의 폭이 적고 몰아치는 대목도 없으며 절정도 없는 멜로디는 그만그만한 인생들을 상징하지만 잠잠히 삶을 들여다보게 합니다. 이런 노래는 노래꾼이 평생 한 번 만나기 힘든 곡입니다. 단순함으로 풍부함을, 절제로 깊이를 노래해야합니다. 음악의 평생 동지인 한경수의 애틋한 감성이 고맙기만 합니다.

저 아이 좀 봐

홍순관 글 | 백창우 곡 (2003년 만듦, 〈나처럼 사는 건 나밖에 없지〉 음반 수록)

디디담담 디디담담~

저 새들 좀 봐
자유로이 하나님도 볼 수 있겠네
저 흐르는 강을 봐
너무 깊어 하나님도 건널 수 없겠네
저 나무를 봐
빛깔 고운 과일을 태어나게 하네

저 아이 좀 봐
이 세상을 넘어 가네
꽃과 말하며 신神과 말하며 생명을 말하며
쉬운 말 툭툭 던지며
쉽게도 넘어 가네
어지런 세상 참 쉽게도 넘어 가네

디디담담 디디담담~

"저 강은 너무 깊어 하나님도 건널 수 없겠네!" 어느 날 아빠는 일기를 쓰다가 잠든 딸, '소리'의 일기를 본다. 이 조그만 아이 눈에는 시골목사로 사는 아빠가 힘들게 보인 거다. 집 앞에 내川가 흐르고 있는데 그걸 보고 강江으로 안다. 아이의 일기에는 흐르는 강과 아빠가 겹친다.

단강이라는 곳에서 목회를 했던 한희철 목사의 이야기다. 농촌 목회이니 분명 가난한 살림이었을 터, '강이 너무 깊다니' 그래서 하나님도 '건널 수 없다니' 기막힌 표현이요, 이입移入이다. '소리'는 타고난 시인이다. 어떤 시인도 가난한 목회 사정을 이보다 선명하고 깊이 있게 다루지는 못할 것이나.

얼마 후, 신기하게도 비슷한 일이 벌어진다. 어린 아이들이 통했는지 같은 시기에 이런 말을 들려준다.

학교에서 돌아오던 길, 여덟 살 다빈이의 말은 이랬다.

"아빠, 새들은 하나님도 볼 수 있겠다. 그치?"

동생인 여섯 살 다솔이는 덩달아 호기심 많은 눈으로 열매 열린 나무를 보며, "아빠, 아빠, 저 과일은 나무가 태어나게 하지?" 그런다.

아둔한 세상에 급했나 보다. 하늘의 언어들이 꽃잎처럼 나린다. 주워 담기도 벅차다. 아이들은 어김없이 어른의 스승이다. 어렵게 말을 꾸며하는 것이 아니라 생각난 것을 그대로 말하니, '제 말'이 되고 '제 세상'이 된다. 쉬우니 통한다. 누굴 속이려면 꾀를 부리게 되고, 편법便法을 쓰려니 복잡해지지만 보았던 그대로 말하고 느낀 대로 말하니 모든 사물과 자연이 통한다.

예수는 죽음을 향해 정면으로 걸었다. 죽음을 예감하면서도 비뚤어진 세상에게 조금도 숨기지 않고 말했다. 그런데 성서를 다시 들여다보니 예수에게는 광야도 쉬웠고, 물 위도 쉬웠다. 돌을 떡으로 만들지도 않았고, 언덕에서 뛰어내리지도 않았고, 뭘 준다고 받지도 않았다. 가만히 있었다. 구주 예수의 완성은 그랬다. 빈들에서의 시험은 싱겁도록 쉬웠다. 그러고 보니 쉬운 것은 어렵고 복잡한 것을 넘어 있다. 가만히 서있는 나무가 그렇고, 흐르는 시간이 그렇다.

하늘의 길은 이 땅에서의 번민과 갈등도 쉽게 만드는 신비가 있다. 배고픈 오천 명도 거뜬히 먹이고, 뱃머리에서도 잠들 수 있다. 동화처럼 쉬운 메타포에 하나님의 나라가 숨어 있다.

어울려 사는 세상에 옳은 말하기 어렵고, 남들 가는 쉬운 길 버리기가 쉽지 않다. 신자라면 마음과 영혼이 흐려지는 길은 걷지 말아야 한다. 절로 옳은 길이 쉬운 길이 되어야 한다.

바늘구멍을 어떻게 쉽게 들어가며, 저 너머의 세상을 어떻게 가뿐히 건너갈 수 있단 말인가. 어린아이처럼 꽃과 말하고 신(하나님)과 말하며 생명과 말하고 자연과 말한다면 천국은 쉬울 것이다.

"저 아이를 좀 보라"는 것은, 아이가 바라보는 자연과 세상을 보라는 것이요, 아이 속에 숨어있는 신비한 언어를 들으라는 것이요, 아이처럼 되지 않으면 갈 수 없는 천국을 보라는 것이다. 아이처럼 되라는 건 순진하게 되라는 것만 아니요, 이 세상을 넘어 있으라는 말씀이다. 복잡한 세상에 잡혀 살지 말고 훌훌 털어 쉽게 살라는 말씀이다. 외면이 아닌 안목眼目이요, 무시가 아닌 유연성이다. 장자莊子의 말처럼 '쉬운 것이 옳다'는 것은 유치가 아닌 정직이다.

노인은 만물의 경계가 무너지는 경지에 이른다. 꽃도 잡초도 나무도 구름도 노을도 비도 눈도 같은 생명으로 본다. 친구도 원수도 아이도 어른도 외국인도 내 민족도 같은 생명이다. 아이가 손에 잡히는 모든 것을 입으로 가져가는 이유는 뭘까? 조금의 의심도 없는 것이다. '다른 것'이 나를 헤치리라고 보지 않는다. 입으로 가져가는 무모함은 모든 것의 경계가 없음을 말한다. 노인이 되면 아이처럼 된다고 한다. 단순하고 간단하고 복잡하지 않게 되는 것이다.

유대의 모든 문화를 뒤로하고 하늘의 법을 설파한 예수의 법은 '그 다음', '저 너머'의 세상을 보라는 것이다. 이분의 파격을 따라가지 못하면 아이들의 말을 들을 재간이 없다.

아이들을 버린 시대, 예수는 아이를 천국에 비유했으니 아이를 보라는 것은 그늘을 보며 빛을 인식하라는 말씀이다. 웃음처럼 사라지는 아이들의 언어가 천국으로 달음박질하고 있다.

벽 없이

홍순관 글 | 한경수 곡 (2002년 만듦, 〈나처럼 사는 건〉 음반 수록)

자연은 때를 따라 옷을 입네
소녀 같은 나물냄새
초록의 춤과 바람과 태양
흙보다도 더 붉은 산하

봄여름가을겨울 따로 사는 게 아니지
벽 없이 금 없이 오가며
서로에게 생명을 내어주고 살지
님을 따라 부르는 노래야

 겨울은 봄 안에 있고 여름은 가을 안에 있다. 봄여름가을은 또 겨울 안에 있다. 경계가 없으니 생명의 오고감은 막힘이 없다.
 제 계절을 떠나는 자연은 그런 이치로 살아 있다. 치열한 생존으로 세월을 살지만 조금도 미련 없이 다음 계절에게 모든 것을 내어준다. 남김없이 제 것을 내어 주었기에 다음 계절은 살아난다. 서로에게 생명을 내어주니 또 살아

나는 것이다. 계절의 부활이 아름다운 까닭이다.

  죽어야 사는 비논리와 역설을, 계절은 철마다 보여준다. 끊임없이 살아나는 계절은 늘 돌아갈 곳을 알기에 가능하다. 저가 돌아갈 곳을 '알고' 산다는 것은 '창조주를 기억하라'는 말씀에 순응하는 것이다.

  벽도 없고, 금線도 없는 세상을 상상하기 어려운 것은 자본주의에 온통 젖어 있어서다. 소유욕의 비만에 걸렸기 때문이다.

  글 한 줄 남기지 않으신 예수는 이토록 무거운 미련과 어리석은 욕심을 안고 사는 세상에 분명, 역설이다.

  그 분을 따라 부르는 노래는 언제나 돌아오는 계절처럼 살아날 것이다. 서로에게 생명을 내어주며 살아간다면 이웃은 어느새 내 몸이 되어 있을 것이다.

바람의 말

홍순관 글 | 한경수 곡 (2002년 만듦, 〈나처럼 사는 건〉 음반 수록)

떨어진 밤송이가 삐죽 웃으며 인사를 하네
제 살던 집을 떠나면서 바보처럼 웃고 있네
정답게 살던 친구들 함께 부르던 노래
지는 노을과 텅 빈 들판 이제는 떠나야지
가벼운 바람 불어와서 내게 전해 준 말
이 세상 떠날 때에 웃으며 가라네
이 세상 떠날 때에 다 놓고 가라네

 추석을 앞에 두고 밤나무를 흔들며 밤송이를 따는 재미는 해보지 않은 사람은 모른다. 긴 대나무로 때리거나 나뭇가지를 흔들기도 하고 어느 땐 돌멩이를 던져 맞추기도 한다. 아이로 돌아가 나무에게 먹을 것을 달라고 떼를 쓰는 것이다.
 그런데 흔들지도 않았고, 긴 작대기로 치지도 않았는데 발 옆으로 후둑~하고 밤송이 하나가 떨어진다. 떨어진 밤송이가 삐죽 웃고 있다. 다 익어 벌어진 밤송이….
 나도 저렇게 유머를 날리며 이 세상에서 저 세상으로 떠날 수 있을까. 순간, 옆으로 나뭇잎 하나가 툭하고 떨어진다. 무거워 떨어진 것이 아니라 가벼워 떨어진 것이다. 저토록 가벼운 존재로 떠날 수 있을까. 나비처럼 왔다 가신 그 분…

물과 피를 다 흘린 예수는 나무 위에서 바람처럼 가볍다. 이 세상 온 인류의 죄를 짊어진 무게임에도 가볍다. 죄의 무게가 사해졌기 때문이요, 율법을 넘어섰기 때문이다. 얼마나 가벼웠으면 돌무덤도 그 분을 막지 못했을까.

가볍게 떠난다는 것은 홀가분하고 가뿐한 일이다. 바람이 들려주는 말을 듣게 된 것은 거룩한 귀가 열린 이유다. 바람이 가는 길을 보게 된 것은 거룩한 눈이 떠진 까닭이다.

가벼워진다는 것은 경건과 거룩함에 닿아 있다. 금식도 절제도 몸과 마음을 가볍게 만들어 영혼의 눈을 뜨려고 하는 일이다.

비만은 위험한 병이다. 빼야 할 군더더기다. 병은 고쳐야 한다. 비만을 고친다면 몸은 훨씬 건강해질 것이다. 버리지 못하는 군더더기 때문에 수많은 사람들은 먹지 못하고 죽어간다. 그러기에 비만은 어느 면으로는 죄일 수 있다.

남한이 좀 가벼워진다면 북한이 무게를 갖게 될 것이요, 강대국들이 무게를 좀 던다면 약소국가들이 무게를 더 가지게 된다. 나눔은 균형이다. 저마다 조금씩 가벼워진다면 지구촌 전체가 균형을 찾게 될 것이다.

식량뿐 아니라 자원과 정보까지 '모자람'의 문제가 아니라 '나눔'의 문제라는 인식을 할 때, 그래서 어리석은 공멸의 길에서 멈칫할 때, 비로소 이웃의 외침이 들리게 되고 역사의 깊은 계곡에서 벗어날 수 있게 될 것이다.

다 익은 밤송이처럼 웃으며 떠나고, 가벼워진 낙엽처럼 사뿐히 사라지는 여행은 분명 허망한 것이 아니요, 큰 세상으로 들어가는 일이다. 무한한 우주에 들어가 버리는 일이다. 가벼워져 무게를 갖게 되고, 사라지며 다시 사는 역설이 신자의 삶이다.

이 '하이조크'가 살아있는 세상이 착한 세상(하나님 나라)이다.

나는 내 숨을 쉰다

홍순관 글 | 백창우 곡 (2002년 만듦, 〈나처럼 사는 건 나밖에 없지〉 음반 수록)

숨 쉰다 숨을 쉰다
꽃은 꽃 숨을 쉬고
나무는 나무 숨을 쉰다

숨 쉰다 숨을 쉰다
아침은 아침 숨을 쉬고
저녁은 저녁 숨을 쉰다
나는 내 숨을 쉰다 내 숨을

숨 쉰다 숨을 쉰다
별은 별 숨을 쉬고
해는 해 숨을 쉰다

숨 쉰다 숨을 쉰다
바람은 지나가는 숨을 쉬고
신은 침묵의 숨을 쉰다
나는 내 숨을 쉰다 내 숨을

나는 매일 내 숨을 쉰다. 그리고 마을의 숨을 쉬고 지구의 숨을 쉰다. 저녁엔 노을과 함께 숨을 쉬고 밤엔 별을 보며 우주의 숨을 쉰다.

'숨'은 인간에겐 영원한 테마요, 화두이다. 숨처럼 강하고 고운 것도 없다.

> "나는 누군가에게 강요받으려고 태어난 게 아니다. 나는 내 방식대로 숨 쉴 것이다. 누가 강한지는 두고 보도록 하자."

헨리 데이비드 소로의 《시민 불복종》에 나오는 글이다. 사람뿐 아니라, '제 숨'을 쉬며 사는 생명이 가장 평화요, 가장 강한 것이다. 제 숨을 쉬어야 건강하고 당당한 것이기에.

어른 때문에 아이가, 학교 때문에 학생이, 남자 때문에 여자가, 정부 때문에 백성이, 강대국 때문에 약소국이 제 숨을 쉬지 못한다면 평화는 아니다. 과거 때문에 지금이, 지금 우리가 산 것 때문에 내일(미래)이, 사람 때문에 자연이 제 숨을 쉬지 못한다면 평화는 어렵다.

자유하기 위해 '굳세게 서라'는 성경의 말씀(갈라디아서 5:1)은, '숨'은 쉬운 것이 아니라는 이야기다. 숨보다 자유로운 것은 없다. 그러나 '내' 숨을 쉬기 위해서는 '다른 이'

도 숨을 쉬어야 한다. 나의 숨과 너의 숨은 따로가 아니다.

종교의 숨이 거짓이 되면 세상은 깊은 상처를 받고 심각한 모순에 빠지게 된다. 신자의 숨이 가식이 되면 이웃은 멀어지고 하나님은 세상에 내신 통로를 그만큼 잃어버리게 된다.

1984년 발표했던 '해프닝(happening, performance art)이야기'다. 이 행위미술의 제목을 '이용하는 것과 이용당하는 것'이라고 했다. 당돌한 미대생의 행위는 무대와 객석에게 꽤 낯선 것이었다. 청신한 장르 자체로도 작품이 말하는 명분을 꽤 뒷받침하였다.

당시 대학가에 즐비하게 들어서있던 '복사가게'를 연상하며 만든 작품이다. 한 집 걸러 보이던 복사가게는 80년대 초, '무엇'이든 '복사'하여 살던 시대의 상징 같은 것이었다. 주제는 확연하다. 그것은 '제 숨(자기색깔)' 없이 만들어 내놓는 미술, 노래, 광고, 의상, 시, 건축, 드라마, 영화 따위를 보며 천박한 복사(카피)를 비판했던 것이다. 베껴먹는 일이 예사가 되면, 거짓은 중독이 된다. 대학에서는 베낀 논문이 통과되고, 예술가들은 카피를 심지어 기술로 여기게 된다. 창작을 뒤로하게 된다. 숨처럼 깊은 번민은 사라진다. 부끄러움을 모르고 체면도 대수롭지 않게 된다. 그런 세상은 내 것 네 것이 없고, 국경이 없어지고, 경계가 사라지고, 소유가 무의미해지는 천국이 아니라, 거짓과 음모와 술수가 설치는 이성 잃은 세상이다.

'제 숨'이란, 진지한 삶과 성실한 일상에서 우러나오는 '산제사' 같은 것이다.

아, '숨'이란 얼마나 좋은 것인가. '숨'은 곧, 목숨이다. 이토록 아름답고 귀한 것이 또 어디 있을까. 깨끗한 숨을 쉴 수 있는 맑은 공기가 없다면 인간은 무엇으로 위로를 얻을 수 있단 말인가. 이런 고백은 계절의 풍요에서 그치는 감상이 아니요, 공멸로 떨어지는 지구를 향한 절실한 연민이요, 통회다.

꽃이 시들면 "꽃이 진다!"하듯, 사람도 목숨이 다하면 '숨진다!'고 한다. 숨과 더불어 함께 하지 못하고 지는 것이다. 자연이 숨지면 사람도 숨지게 된다. 나무가 숨을 쉬어야 사람도 숨을 쉰다. 우주가 숨을 쉬어야 지구도 자연도 사람도 숨 쉴 수 있다.

공포정치가, 무자비한 폭력이, 교묘한 억압과 악마적 술수가 난무하는 시대다. 그렇다고 모두가 거리에 나가 손을 들고 몸을 쓰며 싸울 수는 없다. 그러나 '제 숨'을 포기하지 않을 삶을 선택할 수는 있다. 숨죽이게 하는 세상에 내 숨을 떳떳하고 고요하게 쉬는 것은 아름다운 저항이다. 제 숨도 제대로 쉬지 못한다면 숨 쉴 자격을 잃는 것이다. 자연과 더불어 쉬지 못하는 인간의 숨은 창조의 동산을 떠난 폭력의 숨이다. 인간다운 숨을 쉬는 것은, 하늘의 숨을 민감하게 느끼고 무딘 양심을 세밀하게 하며 지구의 수준을 아프게 지켜보며 예언자다운 자세를 가지는 것이다.

묘혈로 빠져드는 문명을 바라보면서도 헤어 나오지 못하는 이유는 무엇인가. 인류의 문명이 무덤으로 바뀌는 연유는 무언가.

바람은 지나가는 숨을 쉬고 하나님은 침묵의 숨을 쉬기 때문일까?

깊은 인생

홍순관 글 곡 (2000년 만듦, 〈나처럼 사는 건 나밖에 없지〉 음반 수록)

인생은 너무 깊어 때론 건널 수 없네
걸어도 걸어도 끝은 없고
쉬어도 쉬어도 가쁜 숨은 그대론데
어디로 가나 어디로 가야하나
분명 길은 있을 텐데
언덕을 너머 저 하늘의 세상

인생은 너무 깊어 때론 건널 수 없네
걸어도 걸어도 끝은 없고
불러도 불러도 이 노래는 그대론데
어디로 가나 어디로 가야하나
이 깊은 아픔이 징검다리겠지
저 하늘의 세상

   신앙이란 신비한 것이다. 인생의 고비를 넘거나 고난을 딛고 일어설 때 절대적인 힘이 되지만, 신앙은 다른 이에게 보여줄 수도 없고 가져다 줄 수도 없다. 육안으로 보면 다른 것이 없다. 저마다 삶은 힘들고 아프고 낙심된다. 하지만 그런 일을 겪는 동안 신앙의 힘은 전혀 다른 모습을 보여준다. 믿음은 보이지 않는 것들의 실상이니 세월과 정직이 아니라면 증명의 길은 멀다.

인생이 '깊다'는 것은, 어딘지 아픈 구석이 있다. '나그네 길', '살아간다', '세상살이'에서 느껴지는 인생의 뉘앙스는 빛나는 시간이기보다는 그늘이 짙다. 인생은 슬픔에 훨씬 가깝다. 땅에서 벌어지는 온갖 향연으로 잠시 들뜬 기분을 맛볼 수는 있겠으나 심연으로부터 올라오는 고독과 쓸쓸함을 벗어나기란 힘이 든다. 어떠한 달콤한 포장도 이를 가리기가 어렵다. 더군다나 참혹한 일을 겪을 때, 삶의 벼랑 끝에서 어찌할 바를 모를 때 절망의 구렁텅이에서 헤어나오기란 결코 쉽지 않다.

그러나 현명한 사람들은 이런 상황에서 도리어 '어떤 지혜'를 얻는다. 신자는 안개 같은 현실 속에서 기꺼이 좁은 길을 걸어야한다. 그 좁은 길은 시리도록 선명하다. 불의 속에서 부를 누리지 않고, 자연에 순응하고, 정의를 실천하며 가난에 처하는 것이다.

칼 라너의 표현대로 '미화하지도 않고, 꿀도 타지 않은 일상'을 거울처럼 대하며 고독한 삶을 온 몸으로 버티고 나면 또 다시 '그 너머'의 세상이 보이기 시작한다. 그것은

'제 발'로 걸었던 사람만이 아는 세상이다. 스스로 걷지 않은 사람은 '쉼'도 모르는 밋밋한 생을 살아야 한다.

처한 삶에 거친 광야가 없을 수 없지만, 그것을 이겨내는 길이 정직인지 거짓인지가 중요하다. 한 걸음 나아가 이웃을 위한 것인지, 역사를 짚어본 삶인지가 전혀 다른 인생길을 걷게 한다.

김교신은 '인생의 광야'라는 글에서 도리어 깊은 인생을 노래한다.

"일개인이나 한 민족이나 반드시 한 때의 광야가 없을 수 없나니 이는 하나님의 지극한 사랑의 선물이다. 천재일우千載一遇의 기회라는 것은 요행보다 광야를 가리킨 것이어야 한다. 광야에서 40년을 지낸 이스라엘에게만 가나안 땅이 복지가 된 것이다. 광야 40일의 시험이 지난 후에 구주 예수의 완성이 있었다."

선명하지만 좁은 길을 걸었던 인생은, 지독한 바닥을 맛본 뒤지만 도리어 '살아볼만한' 것이라는 역설의 증언을 토한다.

고달팠던 삶의 마감에서 '소풍'이었다는 시인의 말은 시구詩句를 장식하는 문장이 아니라, 진심어린 아름다운 고백이 된다. (매우 송구스러운 말이지만) 역사를 향해 제 몸을 살랐던 귀하고 아까운 목숨들도 눈 내려 깊은 강을 만들 듯 우리 삶에 딛고설 땅이 되는 것이다.

암癌과 나병癩病 등은 통증을 모른다. 병의 무거움이 그것에 있다. 의사들은 '위탁된 통증(referred pain)'을 설명한다. 몸에 위급한 이상을 알릴 때는 주변의 감각기관들이 대신 대뇌에 위험을 경고한다는 것이다.

하늘의 언어를 읽고 계시에 귀 기울이며 세상을 살피는 것은 예언자들의 몫이다. 신자는 마땅히 예언자의 길을 걸어야 한다. 신자는 기꺼이 통증의 소리를 전하는 통각기관痛覺器官이 되어야 한다.

주변에서 일어나는 고통과 역사에서 맞닥뜨리는 분노를 느낄 수 없다면 이미 감각을 잃어버린 사람이다. 통증을 모르니 병이 깊어질 것이요, 신경세포는 무디어져 죽음에 이를 것이다. 고통에 중독된다면 온전한 삶은 포기해야 한다. 고통과 깊은 번민을 알아차리는 것이 도리어 살 수 있는 길이다. 국가는 백성의 소리를 들어야 하며, 지구는 우주의 눈물을 보아야 한다.

우리가 느끼는 아픔과 고통은 분명, 저 세상으로 가는 징검다리가 될 것이다. 그 시간들을 견디며 건너갈 '다리'로 만들지, 건너지 못할 강으로 만들지는 우리의 자유다.

인생이 '깊은' 것은 신神이 우리에게 나린 숙제이며 동시에 선물인지도 모른다.

푸른 춤

홍순관 글 | 한경수 곡 (2002년 만듦, 〈나처럼 사는 건 나밖에 없지〉 음반 수록)

춤을 추네 춤을 추네 님과 바람 입 맞추며
춤을 추네 춤을 추네 별과 태양 입 맞추며
삶과 죽음 시간 넘어 미움 사랑 남자 여자
씨와 땅이 입 맞추며 우주의 생명이 춤을 추네

춤을 추네 춤을 추네 하늘과 땅이 입 맞추며
춤을 추네 춤을 추네 노을과 아침 입 맞추며
참과 거짓 시와 정치 시간과 역사 봄과 겨울
남과 북이 손을 잡고 우주의 생명이 춤을 추네

처음부터 끝까지 '2분 음표(♩)'로만 되어있는 곡이다. 작곡가는 아마 대칭을 생각했나 보다. 삶과 죽음, 미움 사랑, 남자 여자, 노을과 아침, 시와 정치, 남과 북…

다른 것이, 한 가지로 보인 것이다. 극과 극이, 결국은 같은 것이라 본 거다. 우월감이 곧 콤플렉스이니 다를 것이 없다. 노을과 아침이 맞닿은 것은, 죽음이 부활이라는 신자의 비밀을 상징한다. 상대적인 것들을 같은 무게로 보고, '2분 음표'를 사용하여 두 세상을 평등하게 펼쳐 놓은 것이다.

무리가 아닌듯하여, 그대로 노래했다. 이 곡은 실제로 노래 부르기에 그리 재미는 없다. 도리어 지루하고 따분하다. 변화가 없으니 표현도 까다롭고 기교도 힘들다.

사실, 똑같은 것이 '평등'은 아니다. 세상은 그럴 필요도 없고 그럴 수도 없다. 각자 생긴 대로 사는 것이 도리어 평등이다. 자신이 좋아하는 것을 하고 살지 못하기에 불행한 것이다.

다른 논리를 주장할 수도 있겠지만, 작금의 세상은 계급사회다. 나누어진 사회를 좀처럼 좁히지 못한다. 평등을 향한 노력은 미미하고, 격차를 벌리는 방법에는 더욱 박차를 가한다. 문제는 소수의 상류계급들이 누리는 범위가 터무니없이 크다는 것이다. 가난한 자들이 비교할 수 없이 많다는 사실이다.

'함께' '더불어' 산다는 것은, 각자 생각하는 인생을 누리며 사는 것을 말한다. 사실 그것은 스스로의 삶이 탄탄하게 섰을 때 가능하다. 씨앗도 싱싱하고 땅도 건강해야 생명은 자란다. 시詩도 신랄하고 정치도 꿋꿋해야 한다.

결국은 '제 숨'이다. 제 숨을 잘 쉬면서 사는 것이 평등이요, 저마다 가진 숨으로 사는 것이 평화다. 남의 숨을 빼앗는 자들은 결국 제 숨도 잘 쉬지 못하게 된다. 인류가 만든 '문명의 숨'은 결국 환경을 망가뜨렸고 기근을 만들어 지구전체가 제대로 숨을 쉴 수 없게 만들었다. 지금이라도 지구촌은 숨을 가다듬어야 마땅하다.

'춤'은 신명이 나면 절로 추어진다. 억지로 움직이는 것은 춤이 아니다. 신명이 나려면 자유로워야 하고, 몸에서 우러나와야 한다. 흥이 돋아야 한다. 춤과 춤꾼이 하나가 되어야 진짜 춤이다. 이 세상 각(角)을 진 모든 만물이 둥근 세상으로 흥을 돋울 때 춤추는 평화가 넘실거릴 것이다.

이 노래 제목을 '푸른 춤'이라고 했지만 정작 춤을 추기에 좋은 리듬은 아니다. 매우 절제된 숨으로 가락을 타야 비로소 마음과 어깨가 들썩이기 시작한다. 글쎄, 춤이 적절하지 않은 시대상황을 노래했는지도 모른다. 초록별의 신명나는 푸른 춤을 꿈꾸어 본다.

*대지의 눈물

홍순관 글 | 한경수 곡 (1996년 만듦, 〈나처럼 사는 건〉 음반 수록)

음~ 바람이 불어 옛날은 갔는데도
기억 속에 보이는 그 분홍 저고리
눈물은 노래를 막아 부르지 못하여도
하늘의 그 손길 야윈 손잡아
바구니 옆에 끼고 나물 캐다
그만 시간을 잃어 버리셨죠
다시 찾아 드릴께요 어머니
열네 살 소녀 그 어린 꿈들
이 땅에 흐르는 대지의 눈물이여
다시는 그 수치를 당하지 않으리
눈물은 노래를 막아 부르지 못하여도
하늘의 그 손길 야윈 손 잡아

할머니들의 이야기는 노래로 만들기엔 상처의 밀도가 너무 진했다. 기막힌 사건을 두고 노래를 짓기란 표현의

*1995년 12월 시작했던 정신대할머니돕기모금공연 100교회순회콘서트의 이름. 1997년 12월 100회 공연 후, 관련 공연을 2004년까지 계속함.

선택이 매우 어렵다. 이런 노래는 '사실'과 '풍자'가 거의 불가능하다. 그 너머의 미래와 희망도 어색하다. 진부한 동정도 적절치 않다. 은유만 있어도 현장성이 떨어지고 명분이 약해진다.

이 노래는 아흔 번의 '정신대공연 〈대지의 눈물〉'을 마친 후, 비로소 지을 수 있었다. 시간으로는 2년이었다. 공연은 아흔 번이었지만, 그것은 구백 번의 설득이었다. 하여 쓰라린 공부가 어느 정도 익어있던 시간이었다. 그즈음 우연히 읽게 된 '성경말씀'은 바람처럼 노랫말을 데려다 주었다.

"두려워 말라. 네가 다시는 수치를 당하지 아니하리라. 수줍어 말라. 네가 다시는 창피를 당하지 아니하리라. 너는 처녀 때의 수치를 잊을 것이요, 과부 때의 치욕을 다시 기억함이 없으리라. 너의 창조주께서 너의 남편 아니시냐. 그 이름 만군의 여호와시다…… 어려서 버림받은 여자 가슴에 상처 입은 너를 여호와께서 부르신다…… 산들이 일어나고 언덕이 무너져도 나의 사랑은 결코 떠나지 않는다. 내가 주는 평화는 결코 옮기지 않는다. 너를 불쌍히 여기시는 여호와의 말씀이시다"(이사야 54:4~10).

만군의 여호와 창조주가 할머니들에게 남편이라고 말씀하신다. 그 분의 사랑은 결코 떠나지 않는다고 하신다. 이보다 더한 위로가 어디 있을까? 비로소 노랫말을 지을 수 있었던 것은 바로 이 '위로'가 있었던 까닭이다. 그동안은 도무지 어떤 것으로도 위로의 길이 보이지 않았기에 노래로 만들 수 없었던 것이다.

'마른 눈물'이란 것을 안 것도 첫 증언자 김학순 할머니를 만나고서였다. 증언과 분노는 시간의 무게가 쌓여 더욱 깊었다. 눈물은 고작 세월이 씻고 있었다. 죽음을 넘어 고향집에 돌아왔지만 식구들과 이웃들은 냉대하였다. 남편을 만났지만 아이를 낳지 못한다고 다시 쫓겨났다. 이웃은 눈을 감았고, 국가는 입을 다물고, 종교는 귀를 닫았다. 철저한 외면이었다. 먹지 못한 어미가 젖이 마른 것처럼 위로가 사라진 역사 앞에 눈물은 말랐다.

가족의 오붓함을 모르고 함께 먹는 밥상을 잊은 채 도리어 눈치를 보며 숨죽여 살았던 시간이다. 그런 신산의 세월이 (당시)오십 년이다. 이토록 쓰라린 시간 앞에 노래가 어찌 쉬울까. 눈물은 노래를 막아 부르지 못하였다. 백 번의 공연은 백 번의 눈물이었다. 과장도 비약도 없이 공연은 눈물이었다.

'대지大地'는 문학적으로 '어머니'다. 대지는 근본이요,

그래서 어머니의 눈물은 모든 생명의 눈물이다. 또한 대지의 눈물은 '이 땅'의 눈물이다. 내 나라 내 땅만의 눈물이 아니요, 지구촌 전체의 눈물이다. 그리고 대지의 눈물은 '흙'의 눈물이다. 성서가 이르기를 사람은 흙으로 지어졌다고 말한다. 한恨으로 살았거나, 흥興으로 살았거나 사람은 누구나 눈물을 흘릴 수밖에 없는 존재다. 이 눈물은 이내 그쳐질 것이 아니다. 눈물의 고향을 찾아가야 그쳐질 눈물이다. 그곳은 죽음이 아니요, 애통하는 자에게 주어지는 평화의 나라다.

'대지의 눈물'은 어쩌면 '평화'다. 유머란 무릇 실컷 울고 난 후에 머금은 미소를 말하는 것이니, 눈물은 평화로 건너가는 강이다. 결국 이 세상은 눈물이 구원할 것이다. 깊은 연민과 가없는 자비를 품은 눈물 없이는 결코 구원은 없을 것이다.

5.
춤추는 평화

소리

홍순관 글 곡(1990년 만듦, 〈춤추는 평화〉 음반 수록)

꽃이 열리고 나무가 자라는
그 소리 그 소리
너무 작아
음~~
나는 듣지 못했네

 이 노래에 노랫말과 곡을 쓴 시간은 십 분이 채 걸리지 않았다. 그만큼 이 곡을 몸에 오래 품고 있었나 보다.
 이 노래는 무언가 도모하고 이루려는 꿈과, 자연을 스승 삼아 기다리는 인내가, 가슴과 머리에서 맞서고 있을 때 만들어졌다. 일상의 물결과 바다가 만나는 시간이라고 할까.
 '소리'는 개인적으로 큰 화두였고 숙제였다. 성서의 잠언 말씀을 만나 더욱 그렇게 되었다.

"귀를 막아 가난한 자의 부르짖는 소리를 듣지 아니하면 자기의 부르짖을 때에도 들을 자가 없으리라"(잠언 21:13).

이웃의 소리를 듣지 못하는 것은, 정작 제 소리조차 듣지 못하는 것이다. 하나님께서 만약 귀를 막고 듣지 않으신다면 이 시대가 부르짖는 소리(기도)들은 공기 속으로 흩어질 것이다.

뭇 인생 한 가운데로, 역사 속 한복판으로, 말없이 걸어가시는 그 분 발자국 소리가 들려온다. 걸음걸음 고뇌에 찬 고운 숨소리가 들린다. 종교가 진리에 귀를 닫고, 정치가 백성이 외치는 소리에 귀를 틀어막고, 강대국이 약소국가가 토해내는 한숨을 듣지 않는다면 이 세상은 종말을 향해 치닫게 될 것이다.

인간이 만든 문명을 향해 자연이 탄식하는 소리도 들어야 한다. 준엄한 역사가 들려주는 소리에 귀를 기울이고, 예시의 지혜와 묵시의 소리에 겸허한 자세를 취해야 한다. 귀를 닫는 것은 마음을 닫는 것이고, 들리지 않는 것은 듣지 않으려는 무관심이 이유다.

나이 서른에 요절한 시인 기형도는 〈소리의 뼈〉라는 시를 썼다. 매력적인 시다.

김 교수가 '소리에도 뼈가 있다'는 학설을 발표하고 강의를 개설했다. 호기심 많은 학생들이 장난삼아 신청했다. 그러나 김 교수가 한 학기 내내 침묵하는 무서운 고집을 보여주자 제각기 일가견을 피력했다. '소리의 뼈란 무엇일까?' 그것은 '침묵'이라고 했다. '숨은 의미'라고 보는 이도 있었다. '그것의 개념은 중요하지 않다'고도 했다. '모든 고정관념에 대한 비판에 접근하기 위하여 채택된 방법론적 비유'라고 한 이의 견해는 너무 난해하여 묵살되기도 했다. 그러나 어쨌든 그 다음 학기부터 그들의 '귀'는 '모든 소리'들을 더 잘 듣게 되었다.

(기형도 〈소리의 뼈〉 전문)

개미가 지나가는 소리, 지구가 돌아가는 소리는 사람의 귀에 들리지 않는다. 너무 작고 너무 큰 소리를 듣지 못하는 인간은 그래서 어리석을 수 있다. 그러나 오늘도 꽃은 열리고 나무는 자란다. 역사는 흐르고 성령은 움직이신다. 마음과 영혼의 귀가 열렸을 때, 우주를 운행하시는 그 분 숨소리가 들리기 시작할 것이다.

부러운 마음으로 자연이 일하는 소리를 들어본다. 지나가는 바람을 구경한다. 어떤 일을 이루고 사라지는 무심함의 경지는 쉽지 않다. 시치미를 떼며 실천하는 즐거움이 일상일 때 비로소 신자의 삶을 누릴 것이다.

낯선 땅 여기는 내 고향 (원제: 케이세이션)

이정미 글 · 홍순관 개사 | 이정미 곡 (〈춤추는 평화〉 음반 수록)

1. 무겁게 고인 강물 일렁이는 기차소리 그림자 드리우며
   오늘도 달린다 낮은 철교위로 달려 가네
   슬픈 케이세이선 어디로 달려가나
   고향 떠나 모르는 낯선 땅으로 에헤이요 에헤헤이요

2. 강 건너 부는 바람 그리운 고향냄새 여기는 어디인가
   흐르는 세월 속에 희미한 고향 얼굴 떠오르네
   슬픈 케이세이선 어디로 달려가나
   강 건너 저편에 바람만 불어 오네 에헤이요 에헤헤이요

3. 얼굴도 모르는 할머니 할아버지 굽이굽이 아리랑 고개
   넘고 또 넘어서 아라가와 강물 속에 비친 얼굴
   슬픈 케이세이선 어디로 달려가나
   낯선 땅 여기는 바로 내 고향

   나 이제 돌아가리 그리운 내 고향
   낯선 땅 여기는 바로 내 고향

한 아이가 일본에서 태어난다. 이 아이 부모님의 국적은 조선(한국)이었다. 힘난한 역사의 소용돌이는 부모들을 일본 땅에서 살게 하였고, 결국 아이는 엄마나라에서 태어나지 못했다. 태어난 땅 일본이 '낯선 땅'이 된 까닭이다.

아이가 자란 곳은 아라카와 강가였다. 그곳은 공교롭게도 관동대지진 때 많은 조선인이 억울하게 죽임을 당한 비극적인 장소다. 이곳으로 철길이 지나가는데 바로 '케이세이선(경성선京成線)'이다. 니포리에서 나리타로 가는 긴 철길이다.

아이는 지나가는 기차를 보며 고향으로 달려가고 싶었을 것이요, 강 건너 불어오는 바람으로 향수를 달랬을 것이다. 아이는 세월이 많이 흘러 엄마나라인 조국 대한민국을 방문한다. 그러나 엄마나라는 그만 '낯선 땅'이 되고 만다. 어른이 될 때까지 일본 땅에서 자랐기 때문이다.

어쩌면 우리가 사는 지구촌은 인류 모두에게 '낯선 땅'인지도 모른다. 길게 보아 기껏 백년 남짓 사는 인간의 수명이다. 쏜살같고 흐르는 강물 같다. 이내 지고 마는 꽃이다. 노인들의 한결같은 고백은 '눈 깜짝할 사이'가 평생이라는 사실이다. 바람처럼 구름처럼 지나가는 인생이요, 그림자처럼 사라지는 인생이다. 하여 어디든지 낯선 땅일 수밖에 없다. 해서 낯선 땅을 그대로 내버려 둘 것인지 아니면 엄마나라처럼 고향처럼 따뜻하게 만들 것인지가 우리가 선택하고 풀어야 할 일이다.

김준태 시인의 〈고향〉이란 시다.

고향에선-
눈 감고 뛰어도
자빠지거나 넘어질 땐
흙과 풀이 안아준다.

교회가 흙과 풀이 되어 이웃을 안아준다면 그들의 고향이 될 것이다. 교회가 흙이요, 신자가 풀이어야 한다. 내 이웃들이 눈 감고 뛰어도 아무렇지도 않게 안길 수 있는 집이어야 한다. 그들이 겪는 고통과 아픔에 동참할 때 그곳은 '고향(하나님 나라)'이 될 것이다.

그것은 인간이 수렁에 빠지고 벼랑에 떨어진다 하더라도 결국은 그 분께서 품 안에 안고 계신 것과 같다. 이 '낯선 땅' 지구촌에서 그 분의 나라를 맛볼 수 있다면 우리는 신자의 삶을 누리는 것이다. '여기'가 바로 '고향'이 되는 것이다.

덤

이 노래는 한국 땅에서 부를 때와 일본 땅에서 부를 때 마음가짐이 좀 다릅니다. 또한 이 노래가 하와이, 독일, 러시아, 중국 지구촌 이민사회 어느 곳이라도 위로가 되었으면 좋겠습니다.

쌀 한 톨의 무게

홍순관 글 | 신현정 곡 (2008년 만듦, 〈춤추는 평화〉 음반 수록)

쌀 한 톨의 무게는 얼마나 될까
내 손바닥 위에 올려놓고 무게를 잰다
바람과 천둥과 비와 햇살과
외로운 별 빛도 그 안에 스몄네
농부의 새벽도 그 안에 숨었네
나락 한 알 속에 우주가 들었네
버려진 쌀 한 톨 우주의 무게를
쌀 한 톨의 무게를 재어본다
세상의 노래가 그 안에 울리네

쌀 한 톨의 무게는 생명의 무게
쌀 한 톨의 무게는 평화의 무게
쌀 한 톨의 무게는 농부의 무게
쌀 한 톨의 무게는 세월의 무게

쌀 한 톨의 무게는 우주의 무게

이 곡은 처음에 무위당 장일순 선생의 추모음악회에 초청이 되었을 때 쓴 노랫말이다. '나락 한 알 속의 우주'에 대한 이야기를 들려주신 분을 추모하는 공연이었으니 마땅히 나올 노랫말이었다.

이 곡을 지은 후 무대로는 처음 국회의사당 안에서 이 노래를 불렀다. 2008년에 있었던 '사형제 폐지국가기념식'이라는 생소한 행사였다. 한 나라에서 10년 동안 사형집행이 없었다면 자동적으로 사형제폐지국가가 되는 국제적 관례가 있다고 한다. 1997년 YS정부 때, 27명의 처형자가 있었고, 그 후로는 단 한 번도 사형집행이 없었다고 한다.

그런데 MB정부에서 대법원이 내놓은 결과는 사형제 '유지'였다. 국제단체나 전문가들은 이 의아한 판단에 계속해서 반대를 표명하고 한국 정부를 설득하고 있다. 그런 과정 속에서 3년 동안 현장을 나가 이 노래를 불렀다. 생명을 죽일 권리는 어떤 이유에서도 없다는 것이 그 까닭이다. 게다가 '사형제'로 범죄가 없어지기도 어렵거니와, 더욱이 인간의 갱신은 멀어진다. 무엇보다 죄 없는 이들의 억울한 죽음이 있어서는 아니 되기 때문이다. 한 사람의 억울함은 우리 모두의 억울함이요, 한 사람의 죽음은 우리 모두의 죽음이다.

그 날, 국회에 들어가 정치인들을 향해 말했다.

"남한의 무게는 얼마나 됩니까? 북한의 무게는요? 쌀 한 톨의 무게는 얼마나 됩니까? … 백성 한 사람 한 사람의 무게를 알았다면, 이렇게 정치하지는 않았을 겁니다. 한 사람 한 사람의 무게를 헤아려 정치해 주십시오."

이런 장면은 노래꾼의 보람이기도 하다. 마이크를 잡고 무대에 섰을 때에 그만한 자유는 주어진다. 서툰 노래이지만 그들의 가슴에 남기를 바라며 열심히 불렀다. 노래가 끝나고 행사가 끝나면 또 일상으로 돌아가겠지만 그 분은 살아계셔서 언젠가는 그들의 마음을 움직이시리라 비는 마음뿐이었다.

나무 한 그루나 산이나, 냇물이나 바다나, 미국이나 이라크나, 아프리카나 유럽이나, 남한이나 북한이나, 너나 나나 어차피 하나의 무게다. 하나뿐인 이 둥근 지구에 모두 붙어살기 때문이다.

보이지도 않는 남극에 얼음이 녹아도 걱정이요, 몽골에 사막이 늘어나도 걱정이요, 아마존에 밀림이 줄어도 걱정인 것은 지구가 하나이기 때문이다. 하나의 무게인 까닭이다. 그래서 이웃은 내 몸인 것이다. 내 몸이니 사랑하는 것이다.

풍요가 넘치는 이 시대에 쌀 한 톨의 무게를 재어보기를 빈다.

덤

 노래가 알려지면서 '흙살림' '한살림' '쌈지농부' 등 흙과 농사에 전념하는 모임에서 초청을 해주었습니다. 수천 년 쌀(밥)을 먹고 살았으면서 '쌀(밥)'에 대한 노래가 들리지 않는다는 것은 그만큼 우리의 노래가 일상을 떠나있다는 반증일 겁니다.

또 다른 숲을 시작하세요 (원제: TOURTURE '고문')

엘리스 워커 시 · 홍순관 류형선 개사 | 류형선 곡
(2004년 만듦, 〈춤추는 평화〉 음반 수록)

그들이 그대의 어머니를 고문할 때
그들이 그대의 아버지를 고문할 때
그대의 형제를 그대의 아리따운 누이를 고문할 때
그들이 그대의 지도자를 죽인다면
그대의 눈물 같은 연인을 죽인다면
그대를 고문하여 견딜 수 없는 아픔이 몰려오면

나무를 심으세요 나무를 심으세요 나무를 심으세요
나무를 고문하여 그대의 푸른 숲마저 사라지면 음~

또 다른 숲을 시작하세요 또 다른 숲을 시작하세요
또 다른 숲을 시작하세요 또 다른 숲을 시작하세요

  노랫말의 원작은 엘리스 워커(Alice Walker)의 〈고문 (TORTURE)〉이라는 시다. 그녀는 우리가 잘 아는 바,《컬러 퍼플》(*The Color Purple*, 1985)의 작가다. 2004년 5월 그녀는 한국을 방문하여 '어머니의 정원을 찾아서In Search of Our Mother's Gardens'라는 공연을 하였다. 그 무대의 총연출을 부탁 받을 때 그녀는 자신의 시를 건네주며 노래로 만들어 달라고 청하였다. 이미 공연 구상을 하고 있을 때라 국악기 사용을 염두에 두었고 그래서 곡은 류형선에게 부탁했다. 학부에서 서양음악 작곡을 전공하였고 후에 한국전통음악 작곡을 다시 공부한 류형선이 가장 적절한 작곡가였다. 재즈, 현대무용, 비올라 등 매우 다양한 무대를 연출한 상태라 이 곡에는 해금을 쓰자고 제안했다.(훗날 녹음에서는 클래식 기타와 대금으로 편곡하였다.) 아르코대극장에서 곽수환의 기타와 강은일의 해금과 함께 초연했다.

자서전적 소설인 《컬러퍼플》을 보면 짐작하듯 엘리스 워커의 어린 시절은 여느 -그 당시- 흑인여성들처럼 매우 불행했다. 시대와 정치적 배경, 혈통과 인종, 가부장제도 등으로 모진 세월과 폭력을 겪었으니 이 노래는 피를 토하는 절규이며 절절한 기도이다. 자신뿐 아니라, 가족과 주위의 동료에게 일어난 참담한 상황을 적고 있다. 그러나 절망하지 않고 나무를 심으라고 한다. 또 다른 숲을 시작하라고 한다.

한 사람이 한 그루를 심더라도 함께 심으면 숲이 된다. 독창으로 시작해 둘 셋 합창으로 이어지며 반복되는 후렴이 설득력을 갖는다. 곡 전체에 흐르는 기타의 아르페지오

(arpeggio)는 밀려오는 고난을 연주한다. 독백 같은 노래는 조심스러움과 비장함이다. 대금의 울림이 한과 눈물을 씻겨주며 합창은 희망과 그 다음 세상(상상력)을 노래한다.

아프리카, 미국, 남미, 중동지역 할 것 없이 지구촌 곳곳에서 저질러지는 고문 행위는 한국 땅에서도 예외는 아니었다. 근대를 지나 현대사회에서도 고문은 그대로 자행되었다. 학생과 어른, 여자와 남자 가리지 않고 이 사회는 고문을 저질렀다.

세 가지를 기억했으면 한다. 하나는 그 일을 시킨 자와 행한 자들이다. 그들은 죄책감도 없이 살아있고 게다가 기득권 안에서 누리는 삶을 이어나가고 있다. 둘은 고문을 당할 때, 외면했던 우리들이다. 감옥 안에 갇힌 자들은 가장 큰 고통의 기억을 말하며 정작 고문보다, 창살 밖에서 들려오는 유행가 소리라고 했다. 죽음과도 같은 고통으로 절망하며 자유와 민주, 정의를 위해 목숨을 바칠 때, 세상은(사람들은) 아무 일도 없다는 듯이 흘러(살아)간다는 것이다. 셋은 고문피해자들이 우리 곁에 살아있다는 사실이다. 그들은 일상에 육체적, 정신적 고문이 끊이지 않는 상태를 반복하여 겪으며 산다. 심각하고 치명적인 후유증이다. 생존자들은 위로도 보상도 턱없이 부족한(거의 없는) 상태로 살아간다.

또 하나, 기억해야 할 것은 기독교의 역사에도 고문은 끊이지 않았다는 것이다. 전도자들의 삶을 바친 인내와 순교가 없었다면 이 종교는 전해지지 않았음을 상기해야 한다.

어떤 경우든 고문은 비인간적 행위이지만 세상엔 아무런 죄 없이 고문을 받은 피해자들이 대다수다. '성전'인 '몸'을 해하는 비인도적, 비인권적, 비윤리적 행위를 교회는 반대해야 한다. 성서를 품고 분노해야 한다. 뒤에 숨어 기도만 하겠다는 것은 거짓이요, 가식이다. 아니, 똑같은 폭력을 행하고 있는 것이다. 피해자들과 그 아픔을 함께 해야 한다.

폭력을 그치지 않는 것이 다름 아닌 고문이다. 물리적 가해도 폭력이지만 정신적으로 공포와 압박을 가하는 것도 폭력이다. 백성과 역사를 향하여 끊임없이 폭력을 행사하는 비뚤어진 권력가들은 어떤 면에서는 고문기술자들과 비슷하다. 소위, 반공, 좌경 종북몰이는 이 시대에 대표적 고문행위다. 민족과 미래의 상상력을 앗아가는 집요하고도 치졸한 이 고문행위는 반드시 청산하고 넘어가야할 핵심과제다.

노래는 앞부분(현실)과 후렴(시적 표현)이 나누어지면서도 분리되지 않는다. 앞부분은 죽음과도 같은 구체적인 상황을 알리고 있다. 남은 힘을 다하여 심은 나무들마저, 그들은 또 파괴한다. 푸른 숲을 사정없이 잘라버리고 불태운다. 그래도 포기하지 않고 도리어 또 다른 숲을 시작하라고 한다.

신앙생활에서 끊임없는 유혹은 고문과도 같다. 더 가지라고, 더 높아지라고 온갖 수단으로 부추긴다. 자본은 절제를 짓밟고 편리는 이기를 낳는다. 이 사회의 시스템은 '낮은 자'로 살기에 너무 큰 상처를 안겨준다. 과장된 광고는 내 형제와 이웃들의 윤리와 양심, 경제와 상상력을 앗아간다. 모르게 당하는 세뇌와 중독은 어떤 면에서는 고문보다 더할 수 있다. 알지 못하는 사이에 몸과 마음 미래까지 철저히 망가뜨리게 되기 때문이다.

나무를 심는 것은 성서를 실천하는 것과 다르지 않다. 또 다른 숲을 시작하는 것은 신자로서의 청신한 삶을 가꾸는 것이다. 신자는 다름 아닌 '삶의 갱신'으로 증언하는 것이다. 나무를 심고 숲을 이루기 위해선 땀을 흘릴 수밖에 없다. 흙을 일구고 땅을 고르고 씨앗을 심는 수고를 치러야 한다. 노동은 입을 다물게 하고, 몸의 묵상은 아름다운 제사가 된다.

아름드리 나무 한 그루도 조그만 씨앗에서 시작하고, 거대한 숲도 나무 한 그루가 살아 있어 가능하다. 전체를 바라볼 줄 아는 개인의 실천이 절실하다.

'또 다른 숲'은 삭막하기 그지없는 이 시대를 건너는 아름다운 길이다.

ⓒ 연인모

6.

시간은 나무처럼
느렸으면 좋겠어

내가 드린 기도로 아침이 오진 않는다

홍순관 글 (2015년 만듦, 〈시간은 나무처럼 느렸으면 좋겠어〉 음반 수록)

내가 드린 기도로 아침이 오진 않는다
내가 드린 기도로 해가 뜨진 않는다

내가 드린 기도로 내일이 오진 않는다
내가 드린 기도로 꽃이 피진 않는다

내가 드리는 기도는 노동처럼 오래 걸린다
내가 드리는 기도는 그늘 속으로 말없이 들어가는 일이다

내가 드린 기도로 아침이 오진 않는다
내가 드린 기도로 해가 뜨진 않는다

내가 드린 기도로 내일이 오진 않는다
내 기도는 노을처럼 그 아침을 기다린다

 기도를 드리고 싶을 때가 있다. 그 분과 고요히 만나고 싶을 때다. 몸과 혼과 영을 다해 그 분과 이야기 나누고 싶

을 때다. 기도는 시공의 벽이 없고 현실을 넘는다. 그러나 또한 지극히 현실적인 이야기를 나눈다. 사적이지 않고 공적인 주제를 떠올리지만 결국은 사적인 이야기가 된다.

지구와 우주를 나와 따로 놓지 않고 기도한다. 인류와 옆집과 식구들과 오늘 아침 뉴스를 구분하지 않고 기도한다. 지극한 연민을 품고 기도한다. 지구는 반대편이 존재하지 않고 둥글게 이어진다.

하지만 작금의 교회와 신자들이 드리는 기도는 이른바 '기복祈福'이 다라고 해도 지나친 것은 아니다. 건강, 물질, 취업, 입시. 심지어 날씨까지 언급하며 그 분의 전지전능을 도용한다. 일상의 소소한 기도가 없을 수 없겠지만 아이처럼 보채기만 한다면 유아기에서 멈춰진 것이다.

밴드 플레밍 유스의 〈Ark Two〉에 실린 'The Planets'에 재밌는 노랫말이 나온다.

"인간이 하나님을 창밖으로 내던져 버린 때의 진상이란 이렇다. 그 어떤 것도 믿지 않게 된 것이 아니라, 아무 것이나 무엇이든 믿어 버리게 된 것이다."

'함부로' 주문하는 교만한 태도가 기도의 무게를 떨어뜨리며, 그 진정성을 파괴한다. 또한 천박한 기도문으로 하나님을 다락방에 꽁꽁 묶어놓고 제 멋대로 행하는 것이다.

러시아의 작가 막심 고리키는 "대지와 인간에게 필요한 것은 기도가 아니라 노동이다."라고 했다. 노동을 해 본 사람은 안다. '노동이 곧 기도'라는 것을. 절로 입이 다물어지고 생각은 단순하게 되며 마음은 비워진다. 사심이 없어지고 자연이 인식되고 세상의 이치에 눈을 뜬다. 문 밖을 나서지 않고 천하를 아는 것은 예수의 스타일이 아니다. 그분은 길을 나서며 고아와 과부를 만나 위로하고 병자를 고치고 이야기를 나누었으며 국경과 계급을 넘어 사람들을 꾸짖고 달래고 더불어 먹고 마셨다. 그 분의 나라를 스스로의 스타일로 노동하신 것이다.

P.T. 포사이스는 기도를 '그리스도의 마음과 목적과 사역을 겸손히 받아들이는 것, 존재론적으로만 아니라 실제적이고 경험적으로 신적 성품에 참여하는 것'이라고 설명한다.

다만 묵상이 없는 혁명가는 위험하다. 행동은 깊은 묵상에서 나와야 한다. 기도는 자신과 이웃과 역사와 미래까지 영향을 미치는 것이다. 그러나 참담한 현실을 눈앞에 두고 있을 때 '기도'는 종종 무기력해진다. 교회나 국가 같은 거대한 벽 앞에서 더욱 그렇다. 혼자로는 벅찬 상대다. 요컨대 깊은 묵상을 딛고 분연히 일어설 때 그 분의 나라가 펼쳐진다. 침묵이 길어진다고 묵상은 아니다. 광야에 외치는 소리가 기도다. 불의에 맞서 행동하는 것이 기도다. 행함이 없다면 기도는 낡은 주문에 불과하다.

성서에 나오는 기도의 골방은 장소의 개념만이 아니요, 새벽은 시간만을 의미하지 않는다. 우리들의 가식과 집중도를 꼬집고 있다.

기도는 무엇이든 이루어지지 않고, 또한 어떤 것이든 응답을 받는다. 주문이 아니기 때문이요, 헛된 흩어짐도 없기 때문이다. 인간들이 신호와 시간을 알아채지 못할 뿐이다.

기도는 노동이요, 노동이 기도다. 기도는 행함이요, 행함이 곧 기도다. 일상이 기도요 기도가 곧 일상이 되어야 한다.

내가 드린 기도로 아침이 오진 않는다. 내가 드린 기도로 해가 뜨진 않는다. 내가 드리는 기도는 노동처럼 오래 걸리니 무심히 기다릴 뿐이다. 이 세상 가장 짙은 그늘 속으로 말없이 들어가는 일인 것을 알 뿐이다. 내가 드리는 기도는 노을처럼 아침을 기다릴 뿐이다.

큰 나무만으론 산을 이룰 수 없네

홍순관 글 | 신현정 곡 (2012년 만듦 〈시간은 나무처럼 느렸으면 좋겠어〉 음반 수록)

큰 나무만으론 산을 이룰 수 없네
키 큰 나무만으론 숲을 이룰 수 없네
꽃 한 송이 핀다고 봄인가요
다함께 피어야 봄이지요

다함께 봄 다함께 봄 다함께 봄 다함께 봄
다함께 평화 다함께 평화 다함께 평화 다함께 평화

　일본 동경에서 자동차로 하코네라는 곳을 향해 가고 있었다. 재마다 울창한 숲이 흔하게 지나간다. 장관이다. 30m가 넘는 거대한 나무와 나무. 가히 자연의 웅장함은 인간의 가슴에 겸허함을 던져준다. 그러나 잘 들여다보니 섬뜩하고 가련한 풍경이 아닐 수 없었다. 너무 큰 나무들만이 솟아있어 도무지 작은 생물들을 찾아보기가 어려웠다. 그 높이에 햇빛도 뺏기고 그 덩치에 양분도 뺏기어 여린 꽃과 작은 나무들은 자라지 못하고 있었다. 숲이 아니었다. 어울려 사는 산이 아니었다. 그냥 큰 나무 밭이었다.

큰 나무만으론 산을 이룰 수 없다. 키 큰 나무만으론 숲이라 말할 수 없다.

꽃 한 송이 핀다고 봄은 아니다. 다함께 피어나야 봄이다. 대지 전체에 생명이 돋고 세상 전부가 피어나야 봄이 온 것이리라.

'나'만 평화라고 평화 아니다. 남한만 평화라고 평화 아니다. 북한도 평화라야 평화다. 아시아를 넘어 제3세계를 품고 지구촌 전체가 평화라야 평화. 참 평화는 부분적인 평화가 아니요, 전체의 평화라야 한다.

신약에서 엿보이는 예수의 메타포는 조그만 씨앗, 버려진 여인, 무시당하는 아이, 돌봄을 받지 못하는 병자, 신분과 계급으로 소외되고 외면당하는 이에게 향해 있지만 성서 전체의 관심은 민족구원이요, 온 세상의 구원에 있다. 사실 꽃 한 송이와 봄은 따로가 아니다. 꽃이 피어야 봄이요, 봄이 와야 꽃이 핀다. 양 한 마리와 겨자씨는 세상 전체와 다름 아니다. 이웃이 내 몸이라고 하셨으니 말이다.

나무 한 그루로 숲을 이룰 수 없고, 꽃 한 송이로 들판을 만들지 못하며, 한 가지 생명으로 산山이라 할 수 없다.

혼자만의 구원이 아니요, 전체의 구원이라야 한다. 혼자만의 부활이 아니요, 전체의 부활이 참 부활이다.

경

젊ㄴ이 늙기는 쉽다
지혜를 살피기 하라

평화는 아침에 피어난 꽃처럼 오리니

홍순관 글 (2014년 만듦, 〈시간은 나무처럼 느렸으면 좋겠어〉 음반 수록)

평화는 아침에 피어난 꽃처럼 오리니
평화는 어느새 불어온 바람처럼 오리니
평화는 우리의 흘린 눈물로 오리니
겨울을 지나간 시간처럼 오리니

평화로 산다는 것은 어쩌면 눈물로 사는 것
쉰 살도 되지 않은 늙은 청년의 얼굴로 사는 것
한 벌의 속옷과 그 흔한 신발로 사는 것
평화로 춤추지 않으면 세상은 큰 무덤이 되리니

평화는 아침에 피어난 꽃처럼 오리니
평화는 어느새 불어온 바람처럼 오리니
평화는 우리의 흘린 눈물로 오리니
겨울을 지나간 시간처럼 오리니

　흙과 같이 하는 일은 변화를 느끼기가 쉽지 않다. 한나절 일 하다가 허리를 펴보면 일해 놓은 것이 어디 있는지

드러나지 않는다. 돌밭을 일굴 때도 그랬고 마당을 고를 때도 그랬다. 마치 자연이 하는 일처럼 나중에야 아! 하고 알게 된다. 그러나 그런 조그만 변화들로, 저 너머 세상의 신비를 만나러 갈 때 건널 수 있는 다리를 놓게 된다.

개미가 땅을 기어 겨울 양식을 구하듯, 새가 오랜 시간 둥지를 치듯, 쇠똥구리가 고집처럼 제 집을 뭉쳐나가듯, 보이지 않는 땀들이 인류의 땅을 경작해 나간다.

평화는 하루아침에 세상이 바뀌어 오는 것이 아니다. 삭막한 땅에서 싹이 올라오듯 아침과 계절의 신비처럼 올 것이다. 어둠이 지나야 아침이 오고 계절이 지나야 또 다른 계절이 온다. 그냥 오는 것이 아니라, 견디고 버티고 살아내야 온다는 말이다.

"평화로 가는 길은 없다. 평화가 길이다." 머스트(A. J Muste)의 이 말은 지당하다. 그런데 소위 '평화운동'을 하는 사람들을 가만히 보면 정작 '평화'보다 '평화에 대한 일'에 몰두하고 전념하는 경우가 많다. 얼굴이 말하고 일상이 말한다.

아, 여기서 엔도 슈사꾸의 상상력(그의 저서, 그리스도의 탄생)으로 예수의 얼굴을 따라가 보자. 성서 전체에 거의 언급이 없는 그 분 얼굴에 대한 흥미로운 근거가 있다. 요한은 복음서에 "당신이 쉰 살도 되지 않았는데…"라고 적어놓았다. 30대의 예수를 보며 유대인들이 수군거리며 던진 말이다. 고뇌에 차고 가난과 억압에 분노와 연민으로 가득한 얼굴. 늙어버린 청년예수의 얼굴이다.

흔한 신발과 한 벌의 속옷을 제자들에게 요구했다면 그분 자신의 차림새는 어떠했을까? 그러나 예지와 상상력 넘치는 그 분의 얼굴은 틀림없이 해처럼 빛났을 것이다. 파도가 쳐도 뱃머리에서 잠을 자는 그 분의 얼굴은 평화가 아닐 수 없다.

평화를 살지 않으면 평화로 가는 길은 없다. 무릇 주름진 얼굴과 거친 손이 없다면 평화는 없을 터, 우리의 흘린 눈물 없이 평화는 없다. 겨울을 지나간 시간 없이 평화는 오지 않을 것이다.

성서의 예수는 청년처럼 도전적이고 단호하다. 그 분은 내가 곧 길이요, 평화라고 했다. 다만 그 분은 이 땅에 오셔서 안락의 생활을 누리지 않으셨다. 예수께서는 '다른 길'은 걷지 않으셨다. 쓸쓸하고 그늘진 곳을 찾아 다니셨다. 겨울을 사셨다. 그 분의 부활은 겨울을 지나간 봄이다. 겨울을 지나간 시간처럼 평화는 올 것이다.

지강유철의 선택과 옹호

부박(浮薄)한
시대에
부는
바람처럼

꽃자리 출판사로부터는 초여름에 가수 홍순관 씨와의 대담 요청 제안을 받았지만 고사하였습니다. 두 번째 제안을 수락한 것은 대중음악은 물론 시를 모른다는 고사 이유에도 불구하고 이 대담만이 할 수 있는 역할이 있다는 판단 때문이었습니다. 두 사람은 2015년 8월 31일과 9월 10일 두 차례에 걸쳐 서울 합정동 양화진문화원과 서초동 예술의전당에서 9시간 동안 만나 속 깊은 이야기를 나눴습니다. 당시의 대화 분위기를 훼손하지 않기 위해 호형호제하던 평소의 대화체를 살렸음을 밝혀둡니다.

지강유철_ 이 대담을 위해 아우님이 〈기독교사상〉에 연재했던 27편의 글들을 다시 한 번 집중해서 읽었습니다. 그러고 났더니 대담 진행이 더 부담스럽습니다. 아니, 나는 이번 대담의 부적격자라는 이유가 하나 더 추가되었습니다. 지금까지 했던 거의 모든 인터뷰나 대담도 식은땀을 흘리며 했지만 이번 대담은 그와는 다른 의미에서 떨립니다. 초대 손님처럼 살았어야 대담 진행자의 자격을 획득하는 것이 아니란 점은 저도 압니다. 하지만 평소 아끼고 지지하는 가수가 그토록 힘든 노랫길을 가고 있을 때 여리고로 내려가던 강도 만난 사람을 지나쳤던 제사장이나 바리새인처럼 그렇게 무책임하게 살았다고 생각하니 대담의 자리에 나오는 것이 여간 부끄러운 일이 아니었습니다.

오늘은 홍순관이 가수로 살아 온 지난 30여 년의 노랫길을 더듬어 보고, 지금의 이런 노래와 삶을 살도록 한 영향들, 그리고 아직 아무도 본격적으로 이야기하지 않았던 홍순관 노래의 음악적 측면에 대해서도 이야기를 나눠보려고 합니다. 특히 이번 대담을 통해 홍순관이 자신의 노래를 지키기 위해 어떤 세월을 살았는지에 대해 아프지만 추적해보도록 하겠습니다. 근황에서부터 시작하도록 하지요. 오래 전부터 새로운 음반 작업에 들어간 걸로 알아요. 작년 6월에 평화박물관에서 서예와 자동차 부품으로 조각작품을 만들어 〈역설의 꽃, 평화 전〉을 한 것도 그 일환이었죠? 진행은 얼마나 되었나요?

홍순관_ 아직 한 곡도 못했어요.(웃음) 돈을 절약하려면 연주자를 다 모아 한꺼번에 녹음에 들어가야 해요. 그래서 편곡이 다 끝나야 녹음을 시작할 수 있어요. 이번에 들어갈 서너 곡은 좋아요. 이때까지 낸 음반 중에 제일 마음에 들어. 하고 싶던 말을 이 음반에서는 다 할 것 같아요. '쌀 한 톨의 무게'도 좋지만 이번 음반에 들어갈 곡들이 더 좋아. '쌀 한 톨의 무게'가 교과서적이라면 이번 음반은 홍순관의 색깔과 분위기가 고스란히 담겼어요. 세월의 엑기스를 뽑아 낸 거지. 근데 예산을 아직 절반도 못 채워서… 오죽하면 붓글씨 쓰고, 자동차 부품을 용접한 조소 작품을 만들어 전시회를 했을까. 내 노래는 죽어가는 사람, 자살 직전의 사람, 사업 망한 사람에게 들린다고 해요. 사업이 잘되거나, 일이 잘 풀리는 사람은 내 노래가 안 들리나 봐. 내 노래는 그늘진 곳에 있는 가슴 아픈 사람들에게 잘 들리는 가사일 수밖에 없어요. 붕 떠있는 사람들에겐 내 음악이 안 들리는 거지.

"아빠 노래가 참 좋아"

지강유철_ 최소 3,000만 원은 있어야 음반 작업이 가능하다며? 곡은 얼추 다 나온 것 같은데 편곡은 어때요?

홍순관_ 권오준이라는 친구가 도와주고 있어요. 권오준은 오랜 연주 경험이 있고, 국악과 양악을 다 알아요. 아버님이 목사님이라 어려서부터 찬송가를 쳤어. 서울대 종교학과를 나왔는데 열려 있고 마음도 잘 맞아. '쌀 한 톨의 무게' 노래를 지어주었던 (故)신현정의 소개로 몇 년 전 '귀천'을 재즈로 작업했었어요. 그때 녹음실에서 처음 만났어. 음악뿐만 아니라 생각까지 이해해야 하겠기에 내 음반과 책을 다 줬어요. 얼마 후에 "형님, 내가 근래 들은 것 중에 최곱니다"라는 민망한 문자를 받았어. 자기도 이런 음악을 하고 싶었다는 거지.

나는 세상이 쉽게 바뀌지 않을 거라 생각했기 때문에 시위 현장에서 돌을 드는 저항보다는 노래를 택했어. 그래서 대중가요니 국악이니 하는 장르는 내게 그리 중요하지 않아. 내게 중요한 건 내가 말하고자 하는 노래였기 때문에 지금까지 이 모습으로 살고 있어요. 중요한 건 두 딸 다빈이 다솔이에게 "아빠 노래가 참 좋아"라는 이야기를 듣는 거야. 바뀐 세대가 이 노래를 어떻게 듣는가? 여기에 마음을 두죠. 그게 무덤가의 정직이죠. 난 그걸 위해 노래해요. 그 진정성이 무대에서 힘을 주고 두려움을 없게 만들지. 2009년 4월의 아르코 예술극장 공연이든 2005년 10월의 링컨센터 공연이든 그것이 원동력이 되었어요. 만약 유명해지고 이름을 내려는 게 목적이었다면 아르코 대극장이든 링컨센터든 그 무대가 떨렸을 거야. 하지만 나는 내 이야기를 하기 위해 가수가 되었기 때문에 무대에서는 안 떨어요. 그분이 주신 선물 같은 겁니다. 몇해 전 25주년 기념공연에서 정태춘 형은 이렇게 격려의 글을 보내줬어요. "홍순관은 오랫동안 세상의 그늘 속으로 들어가서 그 그늘을 걷어내고자 노력했다." 그래서 이번 음반을 위해 쓴 노래 중에 "내가 드린 기도는 그늘 속으로 말없이 들어가는 일이다"라는 가사가 들어가요.

지강유철_ 나의 경우는 얼치기로 지휘를 공부하여 30년을 성가대 지휘자로 살아오면서 음악에서 반복의 의미와 힘을 배웠어요. 반복이 얼마나 창조적인 것들을 얻게 하는지를 조금 알게 된 거지. 가수들은 연습을 어떻게 해?

홍순관_ 집사람이나 아주 친한 애들한테 나는 사기꾼이라는 말을 자주 해요. 연습을 안 하기 때문에. 말은 그렇게 하지만, 사실은 연습할 곳이 없어 못하는 거지. 집에서 연습한다는 게 정말 뻘쭘한 짓이거든. 연습실 가진 가수들은 연습량이 많겠지. 그럼 나는 연습을 어떻게 하느냐? 아마 자기 음반을 나보다 더 많이 듣는 가수는 없을 거야. 누가 어떻게 연주하고 편곡을 하더라도 나는 다 외워. 지금도 계속 듣고 있으니까.

지강유철_ 그거 정말 고통스러운 일인데…

홍순관_ 그렇게 듣는 중에 새로운 게 발견돼요. 차를 몰고 나올 땐 여지없이 내 음반을 틀어요. 운전을 처음 시작할 때부터 이제껏 그러고 있어요. 시뮬레이션을 많이 하는 거예요. 노래 어느 곳에서 숨을 쉬고, 동작과 시선을 어떻게 할 것인지를 계속 시뮬레이션을 해.

지강유철_ 이런 얘기는 처음 들어.

홍순관_ 저도 처음해요(웃음). 가수들은 거의 자기 음반을 안 듣죠. 하지만 노래는 들어야 몸에 배어요. 연습만 한다고 되는 게 아니야. 물론 실제로 소리도 내 봐야죠. 하지만 그것보다 중요한 것이 시뮬레이션이에요. 모차르트의 악보가 깨끗한 것은 그의 머릿속에서 계속 시뮬레이션이 이루어졌기 때문이에요. 내면에서 충분히 시뮬레이션이 됐기 때문에 악보엔 옮기기만 하면 돼요. 머릿속에서 시뮬레이션을 충분히 하고 나서야 무대에 올라요. 실제 공연이 시뮬레이션과 다른 건 현장성뿐인 거야. 언젠가 부천에선가 광복절 행사를 했어요. 앞 순서는 KBS관현악단이 하고 뒤가 우리 순서였어요. 그런데 우리 앞 순서에 무대에 술 취한 사람이 올라 왔어. 현장은 다 그래. 별의별 사람이 다 있어요. 의자 나르고, 야유하고, 높은 사람 의전 하는 등등의 사람들로 그야말로 아수라장이야. 방송국 아나운서의 특기는, 대사를 주면 그걸 토씨하나 안 틀리고 다 외우는 겁니다. 기가 막히지. 그러나 방송국 사람들의 취약점은,

지강유철_ 임기응변!

홍순관_ 맞아요. 술 취한 사람이 올라오니 진행이 안 되는 거야. 그때 구원타자로 저를 올려 보냈어요. 다 정리했지(웃음). KBS관현악단 연주가 끝나고 우리 차례가 왔을 때 제가 시장한테 이렇게 이야기했어요. 나랏일로 바빠서 가셔야 한다면 노래 중간 말고 지금 가시라고. 아니면 끝까지 계시라고. 그랬더니 객석에서 박수가 터졌지. 시장은 끝까지 있었어요. 이런 건 진정성이 있어야 가능한 일이에

요. 시장을 비난하려는 게 아니라 좋은 공연을 만들고 싶었다는 이야기입니다. 이 날의 일도 끊임없이 진행에 대한 시뮬레이션을 했기 때문에 가능했던 거죠.

지강유철_ 공연 현장은 무대 조건, 청중의 수준, 가수의 그날 컨디션 등이 시시각각으로 변하잖아. MR(music recorded)은 고정되어 있는데. 공연을 볼 때마다 홍순관이란 가수의 MR 사용이 환상적이라는 느낌을 받았어.

홍순관_ 제 경우, MR은 사실 양날의 칼이에요. 어떨 때는 너무 자존심이 상하고 어떤 때는 너무 고맙죠. 가수는 공연만으로는 돈을 벌 수 없어요. 원하는 연주자를 모두 쓸 수 있을 만큼 돈이 많은 가수가 어디 있겠어요. 이 문제로 집사람과 많은 이야기를 해요. 저는 차라리 욕을 듣더라도 음악의 완성도를 위해 MR을 씁니다. 약간의 악기를 빼고 라이브로 할 때도 있고, 아예 라이브를 포기하고 MR로만 갈 때도 있어요. 그래서 반드시 현장에서 문제가 생기죠. 이때 중요한 것은 기싸움입니다. 노하우란 표현만으로는 부족해. 가수는 MR을 틀어도 현장을 잡아야 합니다. 똑같은 음악이 나와도 백 번은 다르게 부를 수 있어야 하는 거죠. 무대에 누가 앉아 있는지, 무대의 잔향은 어떤지, 객석이 얼마나 차 있는지에 따라 MR을 바꿀 수 있어야 해요. MR을 바꾼다는 게 말장난 같지만 실제로 그래요. 물론 애송이 가수는 그게 안 되지.

지강유철_ MR 테이프를 소재로 이런 이야기를 듣게 될 줄이야!

홍순관_ 가수는 MR을 끌고 가야 해요. MR은 녹음된 대로 플레이가 되지만 내가 얘를 끌고 가야 해. 이건 나하고 MR, 그리고 하나님만 아는 진실이야. MR에 끌려간다면 초보입니다. 하지만 내가 MR을 갖고 놀면 이 놈이 어떤 때는 작게, 다른 때는 크게 들리게 할 수가 있어요. 라이브처럼 들리게, 뒤에서 들리는 것처럼 할 수도 있고. 그래서 치열한 기싸움을 하는 거지. 나도 연주자들과 함께 공연하고 싶은 맘이야 늘 간절하지. 하지만 지금 현실에서 밴드에 맞춰 노래를 한다는 건 불가능이에요. 그래서 자존심이 상할 때가 많습니다. 밴드에 맞춰 항상 노래할 수 있는 가수는 한국에서 조용필과 위대한 탄생 정도나 가능할 거야. 외국에서도 밥 먹듯 깨지는 게 그룹사운드거든. 나도 15년 전에 선수들을 모아서 팀을 꾸릴까 했어요. 하지만 월급을 요구해서 계속 할 수가 없었죠.

아버지에게 배운 '언어의 메타포'

지강유철_ 공식홈페이지를 봤더니 아우의 프로필이

1984년 부산대학교에서 '이용하는 것과 이용당하는 것'이란 퍼포먼스를 했다는 것으로부터 시작되더군요. 그때부터 2015년 1월까지, 국내 개교회 공연을 제외하고도 총 440여 차례의 공연, 뮤지컬 출연, 방송 진행, 강연 등을 했네요. 여기에는 1998년 일본 동경의 김학순 할머니 추모 공연을 시작으로 2015년 1월의 인디아 첸나이, 델리 지역과 베트남 호치민 전쟁증적박물관 초청 공연까지, 미국과 중국 독일을 비롯한 세계 10여 개 나라에서 있었던 '춤추는 평화' 80여 회 공연, '정신대' 문제 관련 일본 동경을 비롯한 여타 도시의 20여 회 공연, 그 외 독일, 오스트리아, 캐나다 등 15년 간 수십 차례의 외국 공연을 음반 팔아서 경비를 마련했더군요. 2005년에는 우리나라 대중가수로는 매우 드물게 미국 링컨센터로부터 초청을 받아 무대에 섰고, 2009년에는 한국문화예술위원회가 운영하는 아르코예술대극장에 초청을 받아 '엄마나라 이야기' 공연을 하였습니다. 1986년부터 1996년까지는 가수로서의 활동과 더불어 부산 지하철 중앙동역 벽화제작 참여와 현대무용 무대미술 등의 제작에 참여하기도 했습니다. 이제까지 낸 음반을 살펴봤더니 1989년에 홍순관 독집과 홍성모·홍순관 듀엣 음반 〈내 영혼이 은총 입어〉를 시작으로 1991년 〈새의 날개〉, 1993년 〈The Holy City 미발매〉, 1994년

〈신의 정원〉, 〈양떼를 떠나서〉, 〈민들레 날고〉, 2003년 〈나처럼 사는 건 나밖에 없지〉, 〈새의 날개에서 신의 정원까지〉, 2008년 〈춤추는 평화〉, 2009년 〈춤추는 평화, 아르코공연〉(DVD 및 CD)를 발표하였습니다. 지은 책으로는 《맑은내 이야기》(2003), 《내가 걸으면 하나님도 걸어》(홍순관 단상집, 2008), 《춤추는 평화》(청소년을 위한 평화이야기, 2012)가 있습니다. 다른 공적 활동으로는 평화박물관건립추진위원회 이사와 기독교환경운동연대 홍보대사를 맡고 있더군요. 이렇게 간략하게 아우의 프로필을 살펴 본 것은 이 모든 것을 가능하게 만들었던 영향들에 대해 이야기하기 위해서입니다. 아버지 이야긴 많이 들었는데 어머니 이야긴 잘 듣지 못했네요. 어머니는 어떤 분인가요?

홍순관_ 한국의 평범한 어머니죠. 그래도 훌륭한 점을 말하라면, 지금까지도 내 이야기라면 다 들어준다는 거죠. 그 시대 어떤 어머니가 아들이 음악을 한다고 해도 오케이, 미술을 한다고 해도 오케이 하겠냐고. 정신대 공연을 하든 '소년의 밥상' 공연을 하든 뻔히 고생할 걸 알면서도 반대하지 않으셨어. 지금 부산 기장에 사시는데 주변 사람들이 모두 이명박 찬양하고, 박근혜를 뽑았지만 어머니는 꿋꿋하게 그러지 않았어요. 그 시대에 서울여상을 나오셨으니 공부는 잘하셨지. 스무 살이나 더 많은 아버지가 어머니를 택한 이유가 똑똑하고 똘똘한 여자였다는 거야(웃음). 어머니가 직장 다닐 때 한국전쟁이 터졌어요. 한강 다리가 끊기자 기자들도 도강증(渡江證)이 있어야 했어요. 어머니가 조선 맥주를 다녔는데, 직원들이 한 명도 한강에 나가 도강증을 못 받아 온 거야. 미스였던 어머니에게 맡겼더니 한꺼번에 모든 직원의 도강증을 받아오셨지. 흑인 병사에게 "I can not speak English."를 했을 뿐인데 영어 잘하고 똑똑하다고 도강증을 줬다는 거예요. 입사할 때 친 영어 시험은 〈타임〉지에 나왔던 본문을 외우고 있었기 때문에 만점을 받았어요. 여자의 몸으로 1등 합격을 한 거지. 그래서 아버지가 스카우트하듯 어머니를 꿰찬 거지. 우리 어머니는 세련된 분은 아니에요. 특히 화가인 형에게 오래 전에 돈 버는 이야기를 했다가 아직까지 두 분 사이가 별로예요. 그런 걸 보면 큰 것을 보는 눈이 있는 분은 아니죠. 자식을 요리할 줄 모르시니. 하지만 어머닌 내가 과격하게 정치나 역사에 대해 이야기해도 다 들어주세요.

지강유철_ 아버님이 수필가 윤오영, 그리고 피천득 선생님과 친구관계였지요? 집에서 아버지의 일상 언어 구사는 어떠셨는지요. 말에 대한 자의식이 아버지와 어떻게 연관되는지 궁금합니다.

홍순관_ 돌아가실 때까지 아버지는 내게 '아빠'라고 부르라 했어요. 피천득 선생님의 《인연》이란 수필집 내용과 똑같아. 두 분은 그렇게 오래 만나지도 못했는데 어떻게 자식에게 똑같은 요구를 했을까. 피천득 선생님이 서영이에게 '아빠'라고 부르라 했잖아요. 우리 아버지도 젊게 보이고 싶었던 거야. 일흔넷에 돌아가셨는데 제가 대학 3학년 때였어요. 임종이 머지않았을 때 우리 집에 병문안을 온 교인들은 자꾸 저보고 '아버지'라고 부르라고 했어요. 근데 평생 아빠라고 불렀기 때문에 '아버지'가 입에서 안 나왔어요. 내가 기억하는 아버지의 언어는 탁월했어요.

지강유철_ 구체적으로 어떻게?

홍순관_ 제가 지금 쓰는 상황 조크는 다 아버지에게 배운 거예요. 어떤 상황이 일어났을 때 툭툭 던지는 촌철살인이 일품이었죠. 예를 들자면, 아빠랑 동물원에 놀러갔는데 물개가 가만있으니까, "저거 고혈압이야." 그러시더라고. 그때는 상당히 웃겼어요. 아빠와 엄마는 우리 앞에서 일본어로 비밀 얘기를 했어요. 그 모습을 보면서 언어라는 게 참 재미있다고 생각했지. 초등학교 3학년 때 여름방학 숙제로, "튜브가 덜렁덜렁/파도가 일렁일렁"이란 시를 냈는데 아버지로부터 잘 썼다는 칭찬을 받았어요. 그게 시에 대해 생각하게 된 첫 계기였어요. 아버지가 들려주셨던 하이쿠(俳句)도 생각이 나. "다 베어치운 논두렁의 허수아비여" 아버지께서 쓰신 글이었는데 인간의 약삭빠름을 말하잖아. 툭툭 던지시는데 기가 막히는 거야. 아버지의 말씀이 '귀에 쟁쟁 눈에 삼삼'해(웃음). 그래서 난 언어의 메타포를 아버지에게 배웠어요.

지강유철_ 아버지는 약주를 하셨어?

홍순관_ (웃음)아뇨 전혀. 당뇨병으로 돌아가셨는데 아버지는 제가 철들고는 술을 전혀 입에 안댔어요. 그 전엔 술내기를 해서 져본 적이 없던 분이세요. 그래서 얻은 병이지요. 급하게 부산으로 이사를 간 건 당뇨병이 너무 심해졌기 때문이었어. 누가 그랬대, 회를 먹으면 그래도 조금 수명을 연장할 수 있다고. 아버지한테는 그 말이 서울을 버리고 갈 만큼 절실했던 가 봐요. '바닷바람 쐬고 회를 먹으면 수명을 연장할 수 있다'는 말에 넘어가 부산으로 내려 간 거야. 그 이후에는 피천득 선생님을 못 만나셨어요.

지강유철_ 부산 가시기 전까지는?

홍순관_ 아주 가끔 연락은 하셨던 같아. 아버지는 윤오영 선생을 더 좋아하셨어요. 두 분은 고졸이었고 피천득은 대학 출신이잖아.(웃음) 게다가 그 시절에 피천득 선생은 이미 너무 유명했잖아요.

지강유철_ 어려서부터 오래 생각하는 버릇이 체화되었기 때문인지, 아니면 재능인지는 모르겠으나 홍순관의 글에는 밑줄 긋고 외우고 싶은 문장이 많아요.

홍순관_ 부산에 살았지만 서울말을 했기 때문에 발음이 정확했어요. 부산 아이들은 선생님이 칠판에 '떠듬떠듬'을 쓰면 그걸 제대로 발음하지 못했어. 정확한 발음을 아무리 알려줘도 고치지 못하는 거야. 선생님이 내게 시낭송을 자주 시켰는데 그때마다 단서를 달았어요. "순관이는 잘 읽을 거야." 내가 일어나서 시를 다 낭송하고 앉으면 몇 초간은 조용했어. 아이들이 시를 느낀 거지. 아마도 그때 나는 언어가 주는 낭독의 힘이 엄청나다는 걸 안 것 같아.

시가 주는 리듬감, 시가 주는 음률

지강유철_ 작년에 브르노 겐츠란 유명 배우가 지휘자 클라우디오 아바도 추모 콘서트에서 횔덜린의 시를 낭독했어. 그의 낭독은 독일어를 모르는 내게도 감동이었지. 모국어 시에서가 아니라 외국 시에 감동을 한 게 미안하지만 어쩔 수 없죠. 횔덜린의 시도, 그 시를 낭송하는 부르노 겐츠도 대단했어.

홍순관_ 시 낭독하면 옛 소련의 시인들이지. 일주일에 한 번씩 만나서 시 낭독을 했다고 하죠. 그러니 우리나라와는 비교가 안 되지.

© 문성훈

지강유철_ (DVD로 브르노 겐츠가 낭독하는 횔덜린의 '빵과 포도주'를 함께 보고 난 뒤) 횔덜린의 시도, 그 시를 낭독하는 배우도 놀랍지만 100분 동안의 콘서트에 무려 15분을 시 낭독에 할애한 주최 측이 대단해 보여. 아바도가 횔덜린의 시를 좋아하고, 낭독을 한 부르노 겐츠와 절친이었다는 이유로 아무 배경음악 없이 15분을 콘서트홀에서 낭독할 생각을 하다니!

홍순관_ 대단하네. 정말 좋다.

지강유철_ 가끔 외국 가서 공연할 때도 이와 비슷한 경험을 하지 않나.

홍순관_ 어쩌면 2005년의 링컨센터 공연은 언어 때문에 가능했어요. 워싱턴DC에서 〈춤추는 평화〉 공연을 했을 때 워싱턴한인교회 조영진 목사님은 공연이 끝나고, '나는 이렇게 아름다운 한국어를 들어 본 적이 없다'며 "어쩜 그렇게 말을 아름답게 할 수가 있느냐?"는 질문을 했어요. 그것이 인연이 돼서 뉴욕에 부흥회를 오셨을 때는 내 딱한 사정을 듣고 '춤추는 평화' 공연 홍보할 시간을 내 주셨어요. 저는 해외에 나갔을 때 공연 프로그램에서 '은혜의 강가로'를 부른 적이 없어요. 공연 성격과 맞지 않기 때문이었지요. 그런데 그날은 조영진 목사님이 꼭 부르라는 거예요. 그래야 사람들이 홍순관을 안다는 거지. 미국 교포들은 이 노래를 거의 다 안대.

지강유철_ 크리스천 유무와 상관없이?

홍순관_ 아마도! 미국에서 '은혜의 강가로'는 거의 '동백 아가씨'에요. 예배 때마다 이 찬송을 부르던 때도 있었대요. 홍순관은 몰라도 '은혜의 강가로'는 아는 거지. 그래도 공연 성격과 맞지 않으면 부르지 않았어. 앙코르가 나오면 마지못해 부르긴 했지. 조영진 목사님이 내 준 시간에 '은혜의 강가로'를 불렀더니 교인들이 웅성웅성하는 거예요.

얼마 전 고은 선생님과 같이 공연을 했는데 그 공연에서 모국어는 우리나라 말이 아니라고 했어요. 엄마가 애를 낳고 젖을 먹이면서부터 하는 말이 모국어라는 거예요. 그 모국어를 잃어버린다는 건 엄마를 잃어버리는 것이라는 거야. 모국어에 대해 외국에 사는 사람들은 우리와 달라요. 절실함이 우리와는 비교가 안 돼.

지강유철_ 언어에 대한 자의식은 아버님으로부터 물려받았겠네.

홍순관_ 물론 아버지의 말이 내게 스며 있는 건 사실이지만 구체적으로는 방송을 들으며 언어에 대한 자의식이 생겼어요. 학생이었을 때 부산에서 기독교방송을 많이 들었는데 언어가 너무 천박했어요. 그게 너무 싫었죠.

지강유철_ 학생 때면?

홍순관_ 고등학교 1~2학년 때였어요.

지강유철_ 뭐가 천박하다고 느낀 거죠?

홍순관_ 문장, 단어 전부 다. CBS의 '새롭게 하소서'란 프로가 있잖아요. 고등학교 때 그 프로를 들으면 "집사님, 권사님, 장로님"이라 호칭했어요. 웬만하면 선생님이나 누구누구 씨 해도 되잖아.

지강유철_ 무슨 말인 줄 알겠어.

홍순관_ 난 내용도 불만이었지만 어휘 구사가 천박하다고 느꼈어요. 커서 만약 방송을 하게 된다면 절대 안 저럴 것이라고 다짐을 했죠. 그래서 내게 방송 기회가 왔을 때 시작 멘트부터 클로징 멘트까지 공병우 타자기로 다 쳐서 방송했어요. 개인적으로 내 언어에 영향을 준 것은 김세원 선생입니다. 그분의 말투, 특히 말하고 난 다음의 여백과 타이밍은 절묘했어요. 내겐 아직도 김세원 이상이 없어요. 특히 다큐멘터리는 최고예요. 참, 내가 김순남의 '자장가'를 불렀을 때 김세원 선생님이 기립 박수를 보내줬어요.

지강유철_ 어떤 공연이었는데요.

홍순관_ '시노래모임 나팔꽃' 공연이었어요. 장소는 샘터 파랑새 극장이라는 조그만 공연장이었지. 김순남의 '자장가'는 장필순도 부르고 성악가들도 불렀어요. 그렇게 부르면 안 되겠더라고. 그래서 연습하고 불렀더니 노래가 끝나자 김세원 선생이 벌떡 일어나 기립박수를 보내준 거예요. 눈치를 보다가 기립한 게 아니라 자발적 기립이었지요. 김세원 선생은 "이렇게 잘 부를 수가 없다!"며 내가 김순남 딸이니 이 노래를 얼마나 많이 들었겠느냐는 거예요. 김순남의 '자장가'는 시로 노래하는 거지 음으로 하는 게 아니었어. 시가 주는 리듬감, 시가 주는 음률에서 나오는 음이 있어요. 나는 어릴 때부터 이런 것들이 노래보다 강하다고 생각했어요. 내가 낸 첫 음반의 첫 곡을, "님의 세계에 산다는 것은 새의 날개처럼 자유로운 것입니다"란 낭송으로 시작한 건 바로 그 때문이에요. 내겐 언어가 노래보다 앞서죠!

교회개혁을 위해 선택한 '노래'

지강유철_ 미대를 나왔는데 어떻게 가수가 됐을까, 를 적잖은 사람이 궁금해 하지 싶어요.

홍순관_ 두 가지 이유 때문이었어요. 하나는 사람들이 내 조각을 못 알아보더라고.(웃음) 또 하나의 이유는 엄마였어요. 스무 살 차이 나는 남자에게 시집 와서 두 아들을 낳아서 길렀는데 첫째 아들과 며느리는 화가되겠다고 프랑스 유학을 가버렸어. 아버지는 돌아가시고, 형마저 없는데 나까지 조각을 하겠다고 이태리로 유학을 가면 이 여잔 대체 뭔가 싶었지요. 학생 때 저는 아예 교회 가서 살다시피 했어요. 그 시절엔 여자가 강단 위에 잘 못 올라갔어요. 그런데 여자 집사님은 걸레질 하러 단 위에 올라가는 거예요. 그걸 보는 순간 어머니의 인생이 오버랩 됐어요. 우리나라에서 여자로 산다는 게 도대체 뭐냐 싶었어요. 특히 기독교에서! 그 순간 교회개혁을 하겠다는 다짐을 했어요. 그래서 '까라라'로 가려던 유학을 포기했지요.

지강유철_ 까라라?

홍순관_ '까라라 아카데미'하면 미술 하는 사람들은 다 알아요. 이탈리아 국립미술원인데요. 까라라 지방은 도시 전체가 대리석 덩어리에요. 우리나라의 화강암은 깨기가 정말 어렵죠. 그래서 우리나라 화강암으로 작품을 만들면 두루뭉술하게 표현할 수밖에 없어요. 강한 것은 장점이지만 잘 쪼개져서 대단한 장인이 아니면 다루기가 어렵지요. 근데 까라라 지방의 대리석은 연필 깎는 칼로도 깎아진대요. 미켈란젤로에게 빼어난 재능도 있었지만 대리석이 좋아서 훌륭한 예술 작품이 나왔다는 거야. 그런데 신기하게도 까라라 지방의 대리석은 세월이 가면 아주 단단해져요. 그래서 조각하기엔 최고지. 까라라를 가려고 많은 준비를 했지만 교회개혁이 날 끌어당겼어요. 그때부터 내 인생이 잘못된 거야.(웃음) 교회가 너무 매력적이라 이걸 한번 바꿔보고 싶었어요. 엄마란 여자는 나한테 그런 존재였습니다. 당시까지 내가 보기에 여자로서의 엄마는 뭐냐? 아빠 밑이었어요. 두 분이 말을 놓긴 했지만 스무 살 차이니 깍듯했지요. 아빠가 어른이었어. 우리 때는 선생님의 가정 방문이 있었잖아요. 지금도 기억하는 건 초등학교나 중학교 선생님들은 아버지가 앉아계시면 현관에 들어와 거기서 큰절을 했어요. 카리스마가 남달랐던 거지. 그러니 엄마야 당연 그 밑에서 평생을 산거지요. 남편과 일찍 사별하고 두 아들마저 다 외국으로 가버린 엄마를 생각하니 까라라 미술학교가 중요하지 않더라고. 이탈리아 유학을 포기하고 광안리 앞바다에서 석 달을 울었어요. 나는 당시 우리나라에서 나보다 미술 잘하는 놈은 없을 거라고 생각했어요. 왜냐면, 방학 때마다 부산에서 기차타고 서울로 올라가 서울대, 홍익대, 중앙대, 경희대, 이화여대를 돌아다니며 조소과는 물론 동양화과, 도예과, 서양화과 교실에 들어가서 애들이 어떤 걸 만들고 있는지 매년 봤거든. 그때 외국 작품을 볼 수 있는 유일한 곳이 워커힐 미술관이었는데 거기도 갔어요. 그런 열정 때문에 미술로는 누구한테도 안 진다고 생각했던 거야. 그렇게 미술 공부를 열심히 했기 때문에 조소를 포기하는 건 기막힌 일이었지. 뭘 하려고 그러느냐 어머니가 묻더라고. '교회개혁'이라고 대답했어요. 그때 어머니가 "순관아, 교회는 열심히 다니면 되는 거지" 그러더라고.(웃음) 그러면서도 내 뜻은 받아준 거예요.

지강유철_ 교회개혁을 위해 노래를 선택했군요. 이런 사례가 또 있을까 싶네요.

홍순관_ 태어날 때부터 집에 RCA 빅터 전축이 있었어요. 어릴 때부터 모차르트, 베토벤을 들으며 컸지요. 도넛판이라 불린 레코드판으로 황금심, 고복수, 오기택 음반을 가지고 있었어요. 세무서장 아버지 덕분에 TV, 냉장고도 있었지요. 이렇게 살다가 갑자기 부산으로 내려간 거예요. 집도 못 구하고 급하게 내려가는 바람에 대연동 못골에 있는 초가집에서 몇 개월을 살았어요. 그런데 집 근처 저수지가 터져서 우리 집이 순식간에 다 떠내려간거야. 아버지가 그 새벽에 깨지 못했다면 우린 다 죽었지. 그 이후 초등학교 담임선생님이 나를 쓰레기통 옆에 앉히더라고. 아마 옷도 허름하게 입고 갔으니 그랬을 거야. 뭐 수해로 다 떠내려갔으니까. 초등학교 1학년 때 담임이지만 지금도 그 이름을 기억해요.(웃음). 전학을 갔는데 부산 말을 못 알아듣겠더라고. 그래서 반에서는 완전 바보였어요. 뭘 시키면 일단 말을 잘 못 알아들으니까 선생님한텐 내가 그냥 공부 못하는 애일 뿐이야. 일가친척 중에서 막내로 자랐고,

집이 부자라 그런 대접을 받아 본 적이 없었어요. 이런 나를 쓰레기통 옆에 앉혔으니 얼마나 모멸감을 느꼈겠어요? 그래서 학교를 안 가겠다고 했어. 2학년이 되자 담임인 이영희 선생님이 어떻게 알고 나한테 노래를 시키더라고. 콩쿠르에 나가자는 거야. 그래서 처음으로 독창대회에 나갔어요. 부산은 우리나라 TV보다 일본 NHK가 훨씬 선명해요. 일본 방송 중에는 클래식과 오키나와를 비롯한 일본민요를 틀어주는 채널이 있어서 그걸 듣고 자랐지요. 초등학교 때에는 KBS에서 방학 때마다 번스타인의 청소년음악회를 보여줬어요. 훗날 아버지에 의하면, 그걸 꼬박꼬박 보는 것도 기특한데 우리나라 교향악단과 뉴욕필하모니의 수준 차이에 대해 말하더라는 거죠. 어떤 때는 뉴욕필하모니 연주를 보며 저 음이 이상하다는 이야기도 했대요. 그래서 아버지가 음악을 시킬까 미술을 시킬까, 어려서부터 직접 가르친 붓글씨를 시킬까 고민하셨다는 거야. 내가 음악을 왜 좋아하는지 알았냐면, 친구들하고 말이 안 통했어요. 걔네는 청소년 음악회를 보지도 않았고, 그러니 번스타인이 누군지도 몰랐던 거예요.

지강유철_ 그럼 가수가 되겠다는 결심은 언제 한 거야.

홍순관_ 그런데도 내겐 미술이었어요. 초등학교 4학년 때 다니던 화실에 송혜수란 선생님이 자주 들렀어요. 난 그 분이 화가인지 몰랐지만. 남잔데 그 시대에 금발머리에 비녀를 꽂고 다녔어요. 어느 날 나한테 창밖을 그려보라는 거야. 다 그린 내 그림을 보더니 이건 가짜라며 화를 냈어요. 그리고 목탄을 쥐더니 스케치북에 막 거칠게 칠을 하는 거야. 그리곤 목탄을 탁 던지더니, "다시 봐라 저 산이 얼마만한가." 그 가르침에 전율했어요. 창밖의 산 크기와 집의 크기가 비교할 수 없는데 네 산은 얼마만 하냐는 거지. 오밀조밀하게 그려놓았던 집이며 길이며 동네 모습이 목탄에 가려졌고 검은 산만 도화지 전체에 있는 거야. 넌 가짜를 그렸다는 말에 충격을 받았어요. "그림이라는 게 이런 거구나"란 걸 그때 깨달았지요. 그래서 미술로 정직한 세상을 그리겠다고 마음먹었어요. 초등학교 5학년 때 기타를 배웠어요. 중1 봄방학 때 기타를 가져가니까 전교생에게 화제였지요. 부산 콩쿠르에서 1등을 했더니 여러 대학 교수들이 관심을 보였어요. 그래도 미대를 가겠다는 내 생각은 확고했어요. 그만큼 미술에 자신이 있던 거예요. 그래서 미대를 갔는데 내가 조각한 작품을 알아보지 못하더라고(웃음). 처음엔 노래보다는 건축을 하려고 했어요. 그런데 건축을 하려면 수학을 잘해야 한다잖아. 그건 자신이 없어서 가수가 된 거지. 왜? 조각은 몰라도 노래는 가사가 있으니까 알아듣겠지 생각한 거야.

무대미술에 대한 감각

지강유철_ 가수로 활동하기 이전에 무대미술을 한 걸로 나오는데 어떤 무대미술이었어요?

홍순관_ 주로 현대무용 무대미술을 했어요. 80-90년대는 현대무용의 무대미술도 별로 없었죠. 연극 세트하는 사람들이 주로 했고, 돈 좀 있는 단체는 오페라 무대를 하는 사람들을 불렀지. 현대무용의 무대미술은 좀 달라요. 무용을 알아야 할 수 있고, 브라킹도 조명도 전혀 달라요. 예대 안에 미술과, 무용과, 국악과가 같이 있었기 때문에 늘 무용이나 국악을 가까이서 접했죠. 우연한 기회에 무용과의 한 선생님이 내 노래를 듣고 거기 맞춰 춤을 추겠다고 한 일이 있었어요.

지강유철_ 그건 언제야?

홍순관_ 1986년.

지강유철_ 무대는?

홍순관_ 경성대학교 콘서트홀이었는데 부산에서 제일 좋은 무대였어요. 조동진이나 김덕수 사물놀이 등이 거쳐 간 무대죠. 태어나 처음으로 무용과 선생님이 내 자작곡 노래에 맞춰 춤을 췄어요. 자작곡 '전화'를 불렀어요. 공연 제목이 〈전화〉이었기도 해요. 당시 부산은 물론이고 요즘 서울에도 흔치 않은 무대였지요. 한 작품을 했을 뿐인데 그 선생님이 절 눈여겨 봐 줬어요. 조소과를 다녔던 내게 무대미술까지 제안했으니까요.

지강유철_ 그 교수님 대단하시다!

홍순관_ 그때부터 10여 년 간 무대미술을 했어요. 안무를 보면서 의상이나 미술을 같이 의논했지요. 안무를 짤 때 의상하고 미술이 같이 나와야 하거든. 그런데 보통은 안무 다 짜고 의상실 가서 의상을 부탁해요. 무대미술도 안무를 보지 않고 자기가 생각하는 세트를 만들어 오죠. 그때 그런 걸 깬 거예요.

지강유철_ 그 교수님이 궁금하네.

홍순관_ 부산대학교 정귀인 교수님이세요. 뉴욕 콜롬비아대학교에서 무용 공부를 하셨어요. 이 공연을 시작으로 90년대 중반까지 안 해 본 극장이 별로 없어요. 세종문화회관, 호암아트홀, 국립극장, 예술의전당 등 우리나라 유수 극장에서 다 무대미술을 했어요. 제1회 대구무용제, 제1회 부산 무용제, 제1회 현대무용제 등 1회 대회는 다 했지요. 그 중에 최고는 서울 동숭동 아르코예술극장이었지. 옛날에는 문예회관대극장이라 불렀잖아. 호암아트홀이 제일 좋은 줄 알았는데 막상 해 보니 아르코예술대극장이 더 좋았어요. 객석이 부채꼴로 된 너무 예쁜 극장입니다. 무대미술로 아르코 공연에 참여하면서 여기서 공연 한 번 해

봤으면 좋겠더군요. 아르코는 국가가 운영합니다. 그래서 아무리 돈이 있어도 대관이 안 돼요. 선정이 되어야만 그 무대에 설 수 있어요. 미국 링컨센터가 그렇게 하고 있지요. 그런 점에서 카네기 홀과는 운영 시스템이 달라요. 내가 가지고 있는 이야기를 아르코 극장 대표에게 했어요. 제 또래 대표라 이야기가 통했지요. 그런데 아르코는 연극과 무용 전용 극장이기 때문에 노래 공연은 할 수 없다는 거예요. 그러나 다중예술이면 된다는 거예요. 그 이후 다행히 제가 제출한 기획서가 선정되어서 3일 동안 공연을 했어요. 내 인생에 다시 못할 공연이었지요. 돈이 부족했지만 내가 할 수 있는 건 다 했어요. 김민기 형이 그 공연을 보러 오셨어요. 다른 사람 공연을 안 보는 걸로 알려진 분이라 제 공연에 온 거 자체가 화제였죠(웃음). 민기 형은 당연하다는 듯 "극장 대표가 연출한 거지?"라고 물었어요. 제가 했다고 하니 놀랐지요. 대한민국에서는 다중예술을 할 수 있는 공간도 없고, 설사 그런 공연을 한다 해도 티켓 팔아서는 수지가 맞지 않아. 이 얘기를 왜 하냐면, 공연이나 음반에서 디테일이 떨어진다면 가수로서는 끝나는 겁니다. 때문에 공연의 예술성과 디테일을 놓치고 싶지 않죠. 가수가 디테일이 떨어졌다면 변명의 여지가 없잖아요. 현장과 디테일을 모두 잃지 않는 게 제겐 너무 어려워요.

"어느 업소에서 일하세요?"

지강유철_ 대중과 만난 첫 번째 공연은 당연 기억하죠?

홍순관_ 그럼요, 세종문화회관. 물론, 그전에 학교나 교회에서 이미 초청되어 노래했지만 뭐랄까, 공식적이라고 할까 아무튼 일반 대중과는 1990년에 서울시립 국악관현악단과의 협연이 데뷔무대라고 할 수 있어요. 그 무대에서 안치환과 김성녀를 만났지요.

지강유철_ 어떻게 그런 데뷔가 가능해요?

홍순관_ 부산에 노래 잘하는 사람이 있다는 얘기가 퍼져 초청을 받았어요. 파격이었지. 관현악단의 지휘자와 그날 부른 노래의 작곡자가 초청해 준거죠. 그날 출연자가 김성녀, 김영임, 임준철, 안치환이었는데 치환이를 거기서 처음 만난거지. 공연에서는 네 곡을 불렀어요.

지강유철_ 그 공연이 계기가 되어 서울에 왔어요?

홍순관_ 그건 아니고! 부산에선 아무리 노력해도 내 노래를 할 수 없겠더라고(웃음).

지강유철_ 어떤 노래를 불렀을까?

홍순관_ 황의종의 '하얀 이별'과 도종환의 시에 곡을 붙인 '억새풀'이었어요. 완전히 국악을 한 거죠. 그 공연 때문에 국악계에 알려졌어요. 유명하지 않아 저렴한 가격에 부를 수 있으니 너무 좋거든. 어떤 악보를 줘도 부르니까. 하지만 저는 내 노래가 아니라 서러웠지요. 〈새의 날개〉란 음반을 낸 게 가요 70곡을 한 자리에서 불러서 된 건 아시죠?

지강유철_ 아, 그 전설 같은 얘기!

홍순관_ 부산에서 CBS '새롭게 하소서' 공개방송을 우리 교회에서 했어요. 초대가수로 장욱조와 김민식 형이 왔죠. 방송에는 안 나갔지만 공연 장소가 우리 교회라 저도 노래를 했어요.

지강유철_ 교회 이름은,

홍순관_ 합동 교단의 신부산교회. 기타를 들고 '다시 살리라'와 '주의 기도'를 불렀어요. 내겐 기회였죠. 내 노래를 듣고는 욱조 형이 전라도 사두리로 이렇게 말했어요. "무엇이여! 가수 해야지. 이건 안 되지!"(웃음)

지강유철_ 그건 몇 년도야?

홍순관_ 1987년 아니면 1988년이었어요. 장욱조 목사님이 내 노래를 듣고 반한 거예요. 끝나고 서울 오면 연락하라고 전화번호를 교환했지요. 내게 장욱조 형은 너무 감사한 분이에요. 그 시절 욱조 형은 전국의 주부를 상대로 공연을 다녔는데 대박이 났어요. 욱조 형이 뜨면 몇 백 명씩 주부들이 몰렸어요. 그 무대에 날 불러준 거예요. 한 곡만 부르게 하고는 그때 돈으로 50만 원을 줬어요. 서울 올라와서 아무 일도 없었을 때니 당시 50만 원이 내게 느껴지는 무게감은 5천만 원이에요. 500만 원이 아니라. 욱조 형은 내가 고집이 있어서 아무 노래나 안 부른다는 걸 알았어요. 그래서 나이도 나보다 훨씬 많은 욱조 형이 큰 돈을 주면서도 미안해 한 거예요.

지강유철_ 그때 무슨 노래를 불렀어요?

홍순관_ 물어 볼 것도 없이 송창식이지(웃음). 주부가요이기 때문에 조동진이나 김민기를 부를 순 없었죠. 한두 곡으로 승부를 봐야 하기 때문에 가창력이 돋보이는 노래를 불러야 했거든요. 그러니 '시노래'는 당연 안 되는 거지. 송창식 노래를 부르면 앙코르가 터졌어요. 욱조 형은 그걸 보면서 또 다시 '넌 가수를 해야 한다'고 했지요. 서울 누구와 비교해도 잘 부른다며 나를 오아시스, 킹 레코드사로 데리고 다녔어요. 당시 레코드사 사장들은 '주먹'들이었어요. 산전수전을 겪었던 사람들이라 딱 보면 알아. 내가 굽실거리지 않으니까 가요 부를 놈이 아니라는 걸 안 거지(웃음). 나는 당돌하게 가스펠도 장르이니 가스펠 음반을 내라고 했어요. '왜 가스펠을 장르로 못 받아들이느냐, 교회 다니는 사람이 얼마나 많냐, 사업적으로 이걸 안하면 바보다.' 아무튼, 얼마 후에 킹 박과 70곡 전설이 만들어지지.(웃음)

지강유철_ 70곡을 시키는 사장이나 그렇다고 부르는 가수나!(웃음)

일을 할때는
 바쁜 길을 걸을때는
남모르는 눈물을 흘릴때는
내숨소리를 크게 듣게될때는

사람에게 사람이란
하나님을 볼수 있는
만질수 있는
부딪게 있고 영영

 늘 있는

  영영 흐르란

홍순관_ 설득을 해도 내가 가요를 안 하거든. 그래서 욱조 형이 집에도 많이 데려갔어요. 그래도 안 되니까 레코드사 사장들이 네 노래를 들으면 마음이 바뀐다는 거야. 이런 걸 전문용어로 '속살'이라 그러는데, 가수들 중에 악보 못 보는 사람들을 위해 데모 테이프(demonstration tape)를 만들어요. 욱조 형은 자기 혼자 계산을 해서, 나한테 데모 테이프 부탁도 했었지. 그렇게 다른 가수의 데모 녹음도 했었어. 또 나중에는 송창식 노래를 불러달라는 거야. 그 다음 주문은 이동원이었어요. 이 두 사람의 노래는 아무도 부를 사람이 없다는 거죠. 녹음실에 도착하니 내 앞에 이름만 대면 알만한 가수들이 줄을 서 있었어요. 내게 송창식 노래를 시켰는데 특이하게 가창력을 요하는 노래가 아니라 '창밖에는 비오고요'를 주문했어요. 이 노래의 백미는 맨 끝을 포르타멘토(portamento, 어떤 음에서 음정이 다른 다음 음으로 빠르고 매끄럽게 옮겨가는 주법)로 처리하는 거야. 그날 나는 잘 부를 수밖에 없었어요. 태어나서 그렇게 좋은 마이크를 써본 적이 없거든.(웃음) 축구선수가 처음 축구화를 신은 바로 그 기분이었지. 그러니 날라 다닌 거죠. 녹음실에서 내가 노래할 때 밖에는 킹 박이 있었어요. 당시 킹 레코드의 박 사장하면 펄시스터즈에서 신중현과 이문세까지, 포크 가수를 다 거느리고 있었어. 그 동네에 킹 박이 떴

다 하면 끝나던 시절이야. 거기가 명음 스튜디오였는데 나는 킹 박이 내 노래를 듣고 있는지도 몰랐어요. '창밖에는 비오고요'를 단 번에 끝냈더니 킹 박의 첫 마디가 "야, 나머지 곡 다 가져와"였다고 해.(웃음) 그래서 순서를 기다리던 다른 가수들은 모두 돌려보냈어요. 그 가운데는 남궁옥분도 있었어요. 남궁옥분이 나에게 "어느 업소에서 일하세요?"라고 물었던 기억이 나네.(웃음) 가수들이 다 가고 난 뒤 킹박 앞에서 70곡을 불렀어요. 미친 듯 불렀죠. 우리나라 포크란 포크는 다 부른 거 같아요. 하이라이트는 이동원의 '향수'! 욱조 형은 한 술 더 떠서 '향수'를 두 목소리로 불러보라는 거예요. 두 사람 몫의 개런티를 줄 테니까 해 보라는 거죠. '너는 충분히 할 수 있다'면서.

지강유철_ 세상에! 그래서 했어요?

홍순관_ 녹음했지요. 두 목소리로.(웃음) 그때 송창식과 이동원 노래를 해야 하는 이유가 있었어요. 기획사에서 이 두 가수를 부르려면 너무 비싼 거야. 그런데 송창식이나 이동원은 팔아야 해. 지금도 이마트나 고속도로 휴게소에서 그때 녹음했던 음반을 팔아. 미치겠어(웃음). 역사를 지워버릴 수도 없고.

지강유철_ 지우면 안 되지!(웃음)

홍순관_ 지금 들어보면 너무 못 불러. 70곡을 불렀으니

어련하겠어!

지강유철_ 아니 그럼, 그냥 불러 본 게 아니라 녹음을 했다?

홍순관_ 그럼! 욱조 형이 이 정도인 줄은 몰랐다며 다시 놀랐죠. 갖다 주는 족족 다 불렀으니까. 킹박이 그걸 보고 넘어간 거지. "야, 얘 음반 내줘!" 그래서 〈새의 날개〉가 나온 겁니다. 킹 박은 다음에 또 따로 불러서 성탄 캐럴 녹음도 시켰어요. 〈새의 날개〉는 킹레코드 로고를 달고 나왔으니까 일반 레코드사에서 처음 나온 가스펠 가수의 음반일 거예요. 뭐 그게 중요한 건 아니고…

지강유철_ 남궁옥분과 뒷얘기는 또 없어? (웃음)

홍순관_ 남궁옥분 씨 하고는 두 번을 만나요. 유철 형도 장미희가 주연했던 영화 〈겨울여자〉 알지?

지강유철_ 알지!

홍순관_ 〈겨울여자〉의 주제가, "봄에도 우린 겨울을 말했죠…"를 듀엣으로 부른 거죠. 별일이 다 있었지(웃음).

지강유철_ 그럼 그때 듀엣 한 곡 녹음은 어떻게 됐어?

홍순관_ 없어요! 킹 박에게 문제가 생기면서 사라졌어요. 얼마 후 킹레코드가 공중분해 됐거든. 이 사람이 무너지니까 돈 좀 있는 놈들이 다 달려들어서 킹레코드사를 찢어발긴 거야. 그래서 내 녹음은 아예 사장이 된 거지. 내게 남겨진 것은 DAT(digital audiotape)뿐이었어요. 그걸로 〈새의 날개〉를 만든 겁니다.

지강유철_ 지금 DAT는 갖고 있어?

홍순관_ 예. 그것만 남았어요. 그런데 옛날 초창기 이야기 하니까 불쑥 이런 일도 생각나네. 90년 초 서울로 갓 이사 왔을 때였어요. 올라와서 처음 만난 사람은 사실 한 돌 형과 김제섭이라는 형이었어요. 김제섭은 '메아리' 출신으로 '하얀 비행기' 같은 곡을 쓴 사람인데 한 돌 형과 맨날 어울려서 술도 마시고 녹음실도 가고 그랬어요. 어떤 기간은 아예 붙어 다녔었는데 하루는 한 돌 형이 YMCA에서 공연이 있다고 날 게스트로 초대했어요. 거기 가서 두어 곡 불렀는데 그 중에 윤동주의 '십자가'도 있었지요. 그날 노래 듣고 이 형이 나한테 다짜고짜 음반 내주겠다는 거예요. '타래밭'이라고 레이블이 있다고 녹음하자는 겁니다. 그 당시는 들떠서 집에 가서 아내에게도 말하고 신나했어요. 그런데 함께 어울려 몇 달 다녀보니 진짜 그 형은 나보다도 더 '돈이 안 될' 사람이었어요. 계획도 없고 계산도 없고(웃음). 제섭 형과 함께 재미나게 놀았다, 그냥 그렇게 추억으로 남기자, 하고, 그 후로 연락도 잘 안했어요. 재작년인가 공연은 한 번 같이 했어요. 참, 내가 '춤추는 평화' 음반에 '조율'도 불렀잖아요. 그래서 연락은 했었지요.(웃음)

또 하나 기억나는데 글쎄… 이런 이야기를 해도 될지 망설여지지만 세월이 흘렀으니까. 이건 좀 죄송스런 추억이에요. 당대 최고 작곡가가 누구였냐 하면 최종혁 형님이었어. 윤시내의 '열애'와 최백호의 '내 마음 갈 곳을 잃어'. 그리고 내가 좋아하는 음반인데 이동원 '이별 노래'는 정말 근사했어요. 이 일도 1991년쯤일 거야. 어떤 뮤지컬 녹음을 하고 있을 땐데, 녹음실 대표와 아주 절친이라고 찾아온 분이 최종혁 선생이었어요. 이렇게 저렇게 노래도 듣게 되고 친하게 되어 가사를 드리며 곡을 부탁했어요. 생각해보면 아무 것도 없는 내가 그런 대작곡가에게 곡을 부탁할 수 있었던 건 엄청난 행운이었지요. 며칠 지나 악보랑 멜로디가 녹음된 테이프를 보내왔어요. 설레는 마음으로 받아들고 곡을 들어봤지. 그런데 몇 번을 반복해서 들어봐도 가사와 곡이 영 안 맞는 거야. 몇 번을 고민하다 종혁 형님에게 안 되겠다고 했지. 유철 형도 상상해봐. 이게 지금 말이 되는 상황이냐고?(웃음) 큰 아량과 친절로 곡을 지어 직접 연주해서 녹음된 테이프까지 보내줬더니 새파란 놈이 곡이 안 좋다고 하니, 이건 환장할 노릇이었을 거야. 내가 생각해도 말도 안 되는 거지. 그 다음 날 새벽에 전화가 왔어요. 최종혁 형님이었지. "순관아 너하곤 안 맞는 것 같다. 그만 두자." 밤새 끙끙 앓다가 참을 수 없어 이른 아침

전화한 건데, 그게 다였어요. 차분하지만 무지 떨리는 목소리로 그렇게 말했어요. 참 좋은 분입니다. 얼마나 화가 나고 분했을 거야? 그런데도 그게 다였어요. 난 지금도 기회가 생긴다면 무릎이라도 꿇고 용서를 구하고 싶은 심정입니다. 이 이야기를 하는 것은 내 생겨 먹은 게 나하고 안 맞으면 못한다는 거예요. 병이지. 다른 걸 조금만 생각하고 양보하면 꽤 쉬운 길을 걸었을 수도 있었을 텐데. 저는 그게 안 되나 봐요.

지강유철_ 그 이야기를 들으니 제가 1998년에 했던 양심선언이 생각나네요. 양심선언의 결과로 자신이나 가족이 고통을 당하는 것은 이미 각오하였기 때문에 묵묵히 감당하면 돼요. 하지만 내 양심선언의 결과로 주변사람들이 온갖 불이익을 당해야 한다는 점은 무척 괴로웠어요. 아마 양심선언을 결정하기까지 가장 고민케 만드는 일이 그것이었을 거예요. 아우님도 자신이 옳다고 믿는 걸 지키기 위해 최종혁 선생님께 용서를 빌어야 할 일이 생긴 거잖아요. 반대로 생각하면 그 소신과 아픔이 홍순관을 오늘의 모습으로 우리 곁에 있게 했잖아요, 그로 인해 그 정신대로 평생 아프고 외로웠던 사람들이 위로를 얻었잖아요.

홍순관_ 형은 〈새의 날개〉를 LP로는 들어봤어요?

지강유철_ 듣기는커녕 LP로 발매되었다는 사실도 몰랐어.

미안해(웃음).

홍순관_ 〈새의 날개〉를 낼 때가 LP 끝물이었어요. 몸에 베인 것은 레코드판이었는데, 그래서 당연히 〈새의 날개〉가 LP판으로 나오는 줄 알았는데 CD로 나온다는 거야. 당시 나는 음반은 LP로 내야 한다고 생각한 촌스러운 가수였어요. 그래서 〈새의 날개〉는 LP와 CD와 카세트테이프를 동시에 냈어요. 〈새의 날개〉를 낼 당시에는 우리나라 세션들이 악단으로 움직였어. 이들을 송 총무악단, 오 총무악단으로 불렀죠. 당시 제일 유명한 악단 중 하나였던 오 총무악단의 오 총무는 집사였어요. 오 총무가 내 노래를 어디서 라이브로 들은 거예요. 그래서 오 총무가 욱조 형에게 제가 "가수 안 할 거냐?"고 물었대요. 당시 나는 오 총무악단이란 말도 생소하거니와 그 사람이 뭐하는지도 몰랐어요. 나중에 알았지만 오 총무악단의 송태호(피아노), 김광석(기타), 배수연(베이스), 김용년(건반)은 최고였지. 오 총무는 녹음실에서 지휘를 했어요. 그렇지만 고수들이 누가 지휘를 보겠어.(웃음) 오 총무는 일을 물어오는 역할을 했어요. 그 시절 송 총무 악단과 오 총무 악단이 우리나라 모든 가요 반주를 했어요. 나는 그 끝물을 본 거지. 오 총무악단은 장욱조 형이 데려왔는데요. 가스펠을 하는 친구가 녹음을 한다니 편곡을 대충대충 해 왔더라고. 한경수는 군대에 가 있었기 때문에 나한텐 시기가 안 좋았죠. 그래서 욱조 형의 부탁으로 오 총무악단에서 편곡을 해 왔던 건데, 나는 편곡이 영 맘에 안 들었어. 욱조 형은, "내가 널 모르냐? 김용년 선생이 편곡을 잘 하니까 맡겨봐라" 그래서 믿었지. 아무튼, 윤동주의 '십자가'와 '천국의 춤'을 불렀는데 편곡한 김용년 선생이 부르더라고. "미안하다. 내가 너를 몰랐다"면서, 내일 편곡을 다시 해 오겠다는 거예요. 정말 그건 보통 일이 아닌 거야. 유철 형, 딴따라는 편곡한 악보가 코드, 피아노 브리지, 음 몇 개가 악보의 전부입니다. 다들 그렇게 해요. 그런데 김용년 선생은 다음날 총보(score)를 만들어 온 거야. 우와, 음이 하나하나 다 있어요! 그 악보로 '십자가', '천국의 춤'을 다시 녹음했죠. 솔직히 나는 김용년 선생의 두 번째 편곡도 마음에는 안 들었어요. 그래서 '나무'와 '십자가', '천국의 춤'이란 노래는 두 개의 버전이 있어요. 김용년 버전과 한경수 버전. 물론 나는 '십자가'는 경수 버전이 좋아. 그렇지만 그 편곡이 나 하고 안 맞다고 무시할 수는 없어요. 그 분의 그런 마음과 내게 그렇게 많은 걸 베풀었으면서도 미안해하던 욱조 형님 생각하면 눈물이 난다니까. 그때 기타 친 사람이 김광석 형인데 알지 형? 김광석. 기타의 달인. 이 형도 다음 날 슬며시 녹음실로 와서는 마음에 안 들면 기타 다시 치겠다고 하더라고. 참 좋은 사람들이고 낭만이 있었던 시절이야.(웃음) 이건 딴따라 세계를 모르면 확 안 와 닿아요.

지강유철_ 한참 선배들일 텐데 대단하시다.

홍순관_ 더 중요한 건 욱조 형은 한 번도 생색을 낸 적이 없었다는 거예요. '홍순관을 내가 키웠다'거나 '내가 홍순관 음반을 내줬다'고 할 수 있지만 한 번도 그렇게 하지 않았어요. 서울 이사 오고 2~3년 동안을 변함없이 우리 집에 쌀이 있는지, 차비는 있는지 걱정하며 날 도와줬거든.

암튼, 그렇게 목말라 있던 차에 '덕윤'이라는 회사에서 나온 부장 한 분이 음반을 내자고 했어요. 이 부장님은 음반 한 장에 1년 정도 걸린다는 걸 잘 알았어요. 빨라도 6개월 정도는 걸릴 것이라 예상한 거죠. 지금 와서 보면 이 부장이란 분은 내 음반을 내주려는 목적보다 나를 팔아 오아시스로부터 챙길 게 있었던 거야. 그런데 녹음을 시작하자 내가 '양떼를 떠나서'란 노래를 단 두 프로(한 프로는 3시간 30분)에 끝낸 거예요. 하루 만에 녹음이 끝난 거지. 이 사람은 미치는 거지. 6개월이나 1년 걸릴 줄 알았는데 들어가자마자 녹음을 끝냈으니 왜 안 그랬겠어. 〈민들레 날고〉를 녹음할 때는 이해식 선생이 가사가 너무 맘에 든다고 일주일 만에 작곡을 다 했어요.(웃음) 슬기둥 멤버들이 내 음반 녹음 작업에 함께 했어. 기라성 같은 연주자들이니 녹음을 또 단번에 끝냈지. 이 부장은 요즘 말로 멘붕이었을 겁니다. 더는 안 되겠는지, 〈신의 정원〉을 녹음할 때 행방불명이 되더라고. 도망을 친 거지. 오아시스에선 "이 부장 찾아오라"고 난리였죠. 그래서 제가 오아시스 사장을 만났어요. 음반 팔아서 제작비 갚겠다고 했어요. 그런 태도가 맘에 들었던지 음반을 외상으로 내게 해 줬어요. 그래서 〈신의 정원〉이 오아시스에 묶인 거예요. 할 수 없이 공연을 해서 번 돈으로 그 음반을 조금씩 샀어요. 고생이란 고생은 다 한 거죠! 돈은 하나도 못 벌고.

지강유철_ 그런데 어떻게 3장의 음반을 한꺼번에 제작했어?

홍순관_ 아, 그건 음반 하나를 만드는 제작비로 3장을 하겠다고 내가 말한거예요. 그러라고 하더라고요. 3장이면 시일이 많이 걸리니까 그 부장은 더 좋아했을지도 모르지(웃음).

죽을 때까지 잊지 못할 김학순 할머니, 그리고 '대지의 눈물'

지강유철_ '대지의 눈물' 공연은 1995년부터 했나요?

홍순관_ 할머니들과 인연은 1994년이었고, 공연 시작은 1995년부터입니다.

지강유철_ 1991년에 서울로 와서 '대지의 눈물'을 하기 전까지는 주로 어떤 활동을 했는지.

홍순관_ 〈새의 날개〉를 내고 다음 음반을 내기 위해 덕윤이라는 회사를 찾아갔어요. 그때 사맹석 사단은 대단했어요. 신승훈, 김건모, 노이즈 등을 다 거느리고 있었기 때문에 가요계에서는 여기 이상 없었죠. 그 곳에서 당돌하게 "저를 사십시오." 그랬어요. 나는 노래만 하는 게 아니라 곡도 쓰고, 기획과 연출도 가능하고, 무대 미술까지 할 수 있다고 말했지요. 그랬더니 음반을 놓고 가래요. 두 주가 지나자 전화로 "선생님은 저희와 안 맞습니다." 그러더라고. '선생님'이라고 해서 웃었죠. 사맹석 사장에겐 내가 가수로 안 보인거야. "님의 세계에 산다는 것은…" 하는 분위기가 가수 할 놈으로 안 보인거지(웃음). 몇 달 후에 덕윤의 모 부장이 제게 연락을 했어요. 이분도 사맹석 사장처럼 육사 출신이고, 선후배 사이였어요. 그 부장은 오래 동안 인천에서 교회 성가대를 지휘했어요. 그래서 그 분이 내 음악을 안 거야. 그런 인연 때문에 오아시스 레코드사에서 〈양떼를 떠나서〉, 〈신의 정원〉, 〈민들레 날고〉가 연속으로 나온 겁니다.

지강유철_ '대지의 눈물'을 하게 된 직접적 계기는 뭐예요?

홍순관_ 정신대 할머니들의 증언을 듣게 된 거야. 지금은 없어졌지만 서초동에 진로 도매센터가 있었어요. 거기 근무하던 친구가 3·1절 특집으로 강제징용에 끌려간 할머니들 증언을 듣겠다는 거예요. 이 친구는 내가 여러 가지 돕기 공연을 하고 있는 걸 알고 있었어요. 그래서 나를 통해 교회가 강제징용 당했던 사람들을 도우면 좋겠다는 생각을 했다는 거예요. 이 친구가 진로도매센터 백화점 기획부장이었거든. 그런 이유로 정신대 할머니들의 증언을 듣는 공연기획을 내가 맡게 된 거예요.

최초 증언자인 김학순 할머니는 얼굴도 잘 생기셨지만 타고난 웅변가셨어요. 그 분의 설득력 있는 증언을 들으며 내가 저 일을 하고 싶다는 생각이 절절하게 들었어요.

지강유철_ 진로에 있던 그 기획부장 친구는 어떻게 됐어?

홍순관_ 태환이라는 친구인데 지금은 목사가 됐어.

지강유철_ 목회는 어디서 해요?

홍순관_ 현재는 선교사들을 돕는 일을 한대요. 얼마 전에는 파푸아뉴기니 선교사를 돕는 일로 현지를 다녀오기도 했어요. 거기 선교사님들이 그 부족 언어로 성서번역을 하고 있지요.

지강유철_ 이쯤해서 묻지 않을 수 없네. 가수를 하면서 가장 결정적인 순간은 언제였나요?

© 문성훈

홍순관_ 진로도매센터에서 나오다가 김학순 할머니를 만난 바로 그 순간이죠. 할머니가 내 손을 꼭 잡고 "노래하는 사람이 도와 준 게 처음이다."라고 하셨어요. 그리고는 한참 있으시다가, "왜 배웠다는 사람들이 안 도와주느냐"고 하셨는데 아직도 그 모습이 절절해. 정신대 공연을 100교회에서 했지만 한 교회를 수락받기 위해 열 교회는 섭외했을 겁니다. 아, 여기서 '교회'라는 개념은 예배당 건물이 아니라, 사람이 모인 곳, 무언가 하늘의 생각을 하며 모인 곳은 다 포함했지. 한스 큉의 '교회론'이 작용했던 거지. 그래서 학교나 직장같은 데서도 공연했어요. '대지의 눈물' 공연에는 영상이 중요했어요. 그래서 디졸브 기계와 두 대의 슬라이드 기계를 가지고 다녔죠. 그때 김수형, 공병례 씨가 엄청난 수고를 했어요. 나는 가수이기 때문에 백 번이라도 할 수 있어요. 하지만 이 친구들은 똑같은 노래와 똑같은 이야기를 백 번이나 들어야 하는 거야. 그런데 나도 이 친구들도 백 번의 공연 때마다 울었어요. 정말 고마웠지요.

지강유철_ '대지의 눈물' 공연은 김학순 할머니의 증언이 결정적이었군요.

홍순관_ 그렇습니다. "우리가 이렇게 살아 있는데 배웠다는 사람들이 뭐하고 있는 거야?"라는 말은 죽을 때까지 못 잊을 거예요. 그런 점에서 김학순 할머니가 내 스승이지.

지강유철_ 정신대 문제 10년뿐 아니라 평화박물관건립을 위해 10년이나 모금공연을 하지 않으면 안 되는 이유를 묻지 않을 수 없네요.

홍순관_ 한마디로 자존감 때문이었어요. 내게 개런티를 많이 주고 좋은 공연장에 초청해주는 일은 이제껏 거의 없었어요. 그래서 내가 무대를 만들어야 했던 거죠. 다행히 내겐 무대를 만들고 기획하는 능력을 (하나님께서) 주셨어요. 감사한 일이죠. '정신대(대지의 눈물)'든 '소년의 밥상'이든 '춤추는 평화'든 모두 내가 기획한 공연이에요. 무대를 만들지 않으면 노래를 할 수 없었으니까. 그런데 제 생겨먹은 게 돈이 되는 공연보다는 정신과 역사를 말할 수 있는 공연에 마음이 갔던 겁니다. 어떻게 그 일을 지금까지 했느냐? 내 노래처럼 있는 듯 없는 듯, 밥 먹듯 숨 쉬듯 했기 때문이지. 성경에 오른손이 하는 일을 왼손이 모르게 하라고 했잖아요. 난 그 말씀이 '남이 모르게'가 아니라 '나도 모르게'로 이해했어요. 남모르게 숨어서 하라는 게 아니라 밥 먹듯, 숨 쉬듯 하라는 거죠. 그게 아니었으면 지금까지 못 했어요. 윤동주 시인의 〈십자가〉 마지막 구절인 "꽃처럼 피어나는 피를 조용히 흘리리라"에서 '조용히'란 단어가 내 몸에 각인된 것은 고등학교 2학년 때였어요. 그때부터 지금까지 이 '조용히'가 이 일을 하게 만든 원동력이었어요.

제발 시간이 나무처럼 느렸으면…

지강유철_ 이 얘기 들으니 장기려 선생님 일화가 생각나네요. 장기려 선생님은 막사이사이상 30주년 기념으로 태국 왕실의 초청을 받아 태국을 경유하여 세계 일주를 다녀온 일이 있어요. 하지만 그건 구실이었고, 그 분에겐 태국에 간 이유가 따로 있었죠. 당시 장기려 선생님은 3년 반 정도 자신이 '종들의 모임'이라고 명명한 공동체를 나가고 있었어요. 거기서 진짜 복음을 발견했고, 자신이 그토록 갈망했던 진정한 교회개혁이 무엇인지를 찾은 거예요. 그런데 '종들의 모임' 정식 멤버가 되려면 제도권 교회하고 연을 끊어야했어요. 집회 참석은 누구에게나 열려있었지만 공동체 지체가 되기 위해서는 결단이 필요했던 겁니다. 장기려 선생님은 3년 반 동안을 이 모임을 신중하게 지켜보셨어요. 그러다 태국 정부의 초청을 받게 되자 외국 '종들의 모임'을 둘러볼 기회로 삼은 겁니다. 제도권 교회와의 관계를 나라 밖 '종들의 모임'을 통해 정리하고 싶었던 거죠. 장기려 선생님은 태국에서 50년 동안 복음을 전한 종(서양인 선교사)을 만나게 됩니다. 그와 이야기를 나누다 자연스레 50년 동안 몇 명을 구원했느냐 물었지요. 그 종은 두 명이라 대답했다고 해요. 놀란 장기려 선생이 너무 적지 않느냐고 했더니, 자기는 하나님이 이곳으로 보내신 사명을 다 했기 때문에 그렇게 생각하지 않는다는 거예요. 우리의 통념으론 엄청난 실패라 주눅이 들만한데, 그 종은 조금도 흔들림이 없더라는 겁니다. 그 종을 통해 큰 깨달음을 얻은 장기려 선생님은 제도권 교회를 떠나기로 결심하고 귀국하지요. 부산 산정현교회는 현수막을 걸고 장기려 선생님의 귀국을 환영했어요. 그런데 장기려 선생님은 환영 만찬 자리에서 "진리를 찾았다"며 교회를 떠나겠다고 선언을 하셨습니다. 50년 동안 2명을 구원하고도 당당한 모습을 보며 숫자를 넘어선 기독교의 실체를 만난 거죠. 엉뚱하게도 저는 장기려를 결단케 한 숫자(를 넘어선 기독교)에서 오늘의 홍순관을 있게 했을 뿐 아니라 너무도 소란스러워진 한국교회가 잊어버린 '조용히'가 오버랩 됩니다.

홍순관_ 1998년도에 김학순 할머니 추모 음악회 때문에 일본에 갔어요. 강제징용 끌려갔던 분들을 위해 세운 가와사키교회 공연이 끝났을 때 허리가 굽어서 키가 내 허리만큼밖에 안 오는 할머니가 나를 안고는 계속 신음을 하셨어요. 한국말은 잊었고, 일본말도 서투른 할머니셨죠. 가만히 들어보니 '어떻게 알았냐'고 그러시더라고. 일제 치하를 겪지 않은 젊은 사람이 우리가 여기 있는 것을 어떻게 알고 와서 노래하느냐는 거지. 날 꼭 안고 10분을 그렇게 계셨어요. 인간에게 위로가 된다면 노래를 계속해야 하겠다는 생각이 그 순간 강하게 들었어요. 장기려 선생님 얘기를 들으니 오재식 선생님이 생각나네요. 장기려 선생님과 산정현교회를 함께 다니셨지만 고신이랑 WCC를 둘 다 하셨어요. 2013년 WCC한국준비위원회에서 부산에서 있었던 WCC 제10차 대회 때 홍보콘서트(pre-concert)를 해달라고 해서 그 전 해부터 네 번 공연을 했어요. 이 때 오재식 선생님께서 마지막 네 번째 공연에 몸이 많이 안 좋으셨는데 진히 오셨어요. 돌아가시기 직전이었습니다. '쌀 한 톨의 무게'를 들으시고는 "여러분, 에큐메니컬이 다른 게 아니라 쌀 한 톨의 무게가 우주의 무게"라는 바로 이것입니다."라고 하셨죠. 그 자리에서 고신 측과 한신 측에 있었던 것이 도리어 신앙에 도움이 되었다는 말씀도 주셨어요. 바로 이게 믿음이라는 거죠. 돌아가신 후에 서울대학병원으로 조문을 갔어요. 병원을 나서다 재작년에 죽은 신현정의 남편을 만났어요. '쌀 한 톨의 무게'를 작곡한 현정에게 오재식 선생님의 칭찬을 전해주려는 생각을 하던 참이었죠. 현정의 남편은 그날 귀가가 늦었다고 해요. 그런데 그날 현정이가 스스로 목숨을 끊은 거야. 그래서 이 사건은 잊히지가 않아요. '쌀 한 톨의 무게' 때문에 세 사람으로부터 손 편지를 받았어요. 김경재, 이현주, 백영기 목사님이지요. 요즘 같은 시대에 누가 가수 노래를 듣고 감사의 손 편지를 써주겠어요.

내게도 몇 차례 큰 유혹이 있었어요. 한 번은 B라는 의류 회사에서 정신대 공연을 한창 하고 있을 때인데 그 이미지로 CF를 찍자는 제안을 받았어요. 개런티가 천만 원이었지만 그건 못하겠더라고. 지금 돈으로 1억은 되지 않을까. 내가 깨끗했다는 걸 말하려는 게 아니라 안 맞으면 못한다는 거야. 몰라, 10억을 준다면 했겠지(웃음).

이후로는 제발 시간이 나무처럼 느렸으면 좋겠다고 생각했어요. 평화박물관을 짓고, 이런 노래를 계속할 수 있게 시간이 느리게 가면 좋겠어요. 좋은 일을 위해 기부하고 뒤도 돌아보지 않는 독지가들을 만날 수 있으면 좋겠어요. 형도 이번에 제가 정규 음반과 함께 동요 음반을 준비하고 있는 건 알잖아요. 이 음반이 나오면 외국에 있는 한글학교를 가야 하고, 그러려면 비행기 티켓 값이 필요합니다. 난 기업이 돕든 독지가가 돕든, 오케이지만 꿈같은 이야기죠. CD를 팔아서 비행기 티켓 값을 벌어야 하는데 그게 더 어려워졌어요. 옛날에는 가방을 두 개까지 가지고 탈 수 있었는데, 이젠 하나만 되거든요. 판매할 CD를 가지고 가려고 해도 돈을 더 내야 하는 일이 생긴 거지. 해외 공연으로 인한 이런 저런 불편은 충분히 감수하겠는데 비행기 티켓 값을 벌려고 내 음반을 파는 건 슬퍼! 그래도 이것만 해결돼도 좋겠어. 〈기독교사상〉에 연재했던 글이 다 그거야. CD 팔아서 비행기 티켓 값을 마련했던 피눈물 나는 여행 이야기입니다.

문화운동의 아방가르드, '창천문화쉼터'

지강유철_ 1995년 4월부터 시작한 창천문화쉼터 진행은 어떻게 맡게 된 건가요?

홍순관_ 창천문화쉼터의 전신은 목요쉼터였어요. 창천교회가 목요쉼터를 2년간 진행하다 1995년 4월에 문화쉼터로 개편했거든. 인연은 초대 손님으로 갔다가 시작된 겁니다. 1985년으로 기억되는데 부산 가톨릭센터에서는 노래마당이란 프로그램을 시작했어요. 가톨릭센터는 광주 항쟁을 처음으로 비디오로 보여준 곳입니다. 그 센터의 유능한 기획자가 노래마당을 만든 거죠. 첫 번째 초대가수로 정태춘, 두 번째로 김영동을 불렀고, 세 번째로는 임진택을 불렀어요. 하지만 그때까지 전 가수의 꿈은 없었기 때문에 적극적이진 않았어요. 김영동 씨가 초대를 받았을 때 게스트로 나갔어요. 이때 현재 성공회대 김창남 교수의 아내 조경옥 씨와 노찾사 멤버들도 왔었어요. 그때까지 내 꿈은 미술에 있었지만 노래로도 지고 싶지 않아 맹연습을 했어요(웃음). 그 무대에서 '누가 보았을까'와 '진달래'를 불렀지요. 앙코르를 받았어요. 공연이 끝나자 박미선 씨를 비롯한 노찾사 멤버들이 "가수 안 해요?"라고 묻더라고. 안 한다고 대답했지만 김민기 형이 보고 싶어 이 노래를 했다고 말했어요. 박미선 누님은 아까 말했던 김제섭 형의 부인이 되었죠. 그때 박미선은 김민기 형의 혜화동 사무실에서 일했어요. 자신이 "민기 형하고 있으니 무조건 오라"는 거예요. 한참 지나서 민기 형을 찾아갔어요. 그때 민기 형이 메르세데스 소사 카세트테이프를 선물로 줬지요. 지금까지 내가 무지 아끼는 테이프입니다.

지강유철_ 합동 측 교회에 다니면서 학생시절부터 가톨릭이 주최하는 프로그램에 자주 참여했다는 사실이 놀랍습니다. 그 시절 보수 교단에서는 '가톨릭을 이단'으로 정죄하는 분위기가 강했는데.

홍순관_ 중학교 때였어요. 어디서 들었는지 기억이 없지만 성당에서 가수들을 초대해 공연을 한다는 거야. 그것도 최고 인기가수들로 구성된 출연진이라는 거야. 부산 어느 성당에서 보았던 '빈터 이곳에'라는 공연이었어요. 당대 최고의 가수 송창식, 이종용, 서유석, 최병걸, 전 영 등이 출연했지요. 이택림, 하사와 병장 등은 데뷔무대였어. 생각해보면 '창천문화쉼터'에 자주 출연했던 윤도현, 김장훈 등은 데뷔시절이었으니 이런 무대는 상당히 매력적인 기획이지요. 동물원, 김광석, 장필순, 안치환, 권진원 등도 단골출연진이었어요. 아무튼, 언젠가는 저런 일을 하겠다고 마음먹었지. 그러나 창천문화쉼터를 할 때까지 잊고 있었어요. 진행을 하다가 중학생 때의 꿈이 생각난 거야. 정태춘, 이정선, 최백호, 유열 등 웬만한 가수는 다 나왔죠. 그 순간 "야, 내가 이걸 하고 있구나." 싶더군요. 문화쉼터를 통해서 내 이름이 알려졌어요. 문화쉼터 때문에 나는 대중가수들과 공연을 할 수 있게 된 겁니다.

지강유철_ 설사 그게 좋은 역할이었더라도 특정 이미지로 고착되는 것을 배우들은 경계하죠. 현장에 밀착한 가수라는 이미지가 고착되는 것에 대한 고민이 없지 않았을 텐데.

홍순관_ 가스펠 가수가 음반 팔아먹는 노래만 할 수는 없다는 생각을 오래전부터 했어요. 예수가 이 시대에 가스펠 가수가 되었다면 어떤 모습일까 질문을 던진 거죠. 그 답을 찾던 중 정신대 할머니를 만났고, 그걸 통해 역사의 아픔을 노래해야겠다고 마음먹었습니다. 그 연장선상에서 독거노인 문제나 결식학생, 장애인 등의 문제도 외면할 수 없었지요. 좀 엉뚱한 이야기지만, MBC TV의 〈칭찬합시다〉란 프로 알죠? 나가면 대박 나는 프로그램이었죠. MBC에서 연락이 왔는데 놀라지도 별로 반가워하지도 않으니 그쪽에서 더 놀라더군요. 그래서 놀라야 되냐고 되물었어요(웃음). 지목 받은 사람이 TV에 나와 누군가를 칭찬하고 다음 사람을 지목하면 TV 카메라가 그 사람을 찾아갔어요. TV에는 그렇게 나오지만 누군가를 촬영하려면 먼저 그 사람이 어디 있는지 알아야 하잖아요. 누가 그걸 다 말했을까 유추해보면, 결국 그 사람 본인이거든. 난 그게 싫어서 안 나갔습니다. KBS 열린음악회에서도 연락이 온 적 있어요. 담당 작가인지 PD가 팝송 한두 곡을 불러달라는 부탁을 너무 쉽게 하더군요. 20년 동안 지켜온 노래가 있는데 열린음악회에 나가는 게 그게 무슨 의미가 있겠어요. 그래서 PD에게 날 알고 그런 말을 하는 거냐고 물었죠. 팝송 부를 사람이 필요하면 전화하지 말라고 했어요.

지강유철_ 결국 가수가 목적이 아니었다는 얘기군요.

홍순관_ 난 미술을 했지만 화가가 되려는 게 아니라 내 그림을 그리려는 게 목적이었어요. 노래도 마찬가지죠. 가수가 목적이 아닌, 어디에서 어떤 노래를 부르는가가 더 중요했어요. 난 그게 당연하고 자연스러운 거라고 생각합니다.

지강유철_ 최근에 공연이 너무 뜸한 것 같아요.

홍순관_ 일단 2년 가까이 공연이 없어서 현장성이 떨어졌어요.(웃음) 공연이 아예 없어서 감각이 생생하지가 않아. 아득하게 느껴져. 뭐라 그럴까, "옛날에 그런 일이 있었지…"라는 생각이 들 정도야. 형도 알다시피 공연엔 여러 장르가 있죠. 우선은 초청 공연. 초청 공연도 장소나 단체에 따라 다르고, 강의를 곁들인 공연과 단독 공연이 다릅니다. 진짜 공연은 티켓 팔아서 하는 공연이지요. 그렇지만 티켓 팔아서 공연하는 가수가 대한민국에 몇이나 될까요. 거의 없다고 봐야죠. 있다 하더라도 대부분은 초대권을 돌리고 후원을 받아 충당해요. 난 그거 안하려고 발버둥을 쳤어요. 눈물 나는 이야기지만, 저는 어머니한테도 티켓 사라고 했어요. "나는 초대권 안 합니다."라고 하면 대번에 알아들으시죠. 자식이라서 엄마는 한 장이라도 더 팔아주고 싶은 거예요. 초대권 풀어 객석 채우는 일을 나는 못 하겠더군요. 교회 집회나 공연을 하러 가면 으레 CD를 선물로 주는 줄 알고 기다리는 담임 목사님들이 많아요. 젊어서는 쥐뿔도 아닌 자존심 때문에 CD를 안 드렸어요(웃음). 선물로 드리는 게 너그러움일 텐데 대우가 워낙 좋지 않다보니 반항심이 있었어요. "내 음악이 좋으면 음반을 사라"는 투였죠. 진짜배기는 티켓 팔아서 하는 공연인

ⓒ 문성훈

데, 마이클 잭슨 정도라면 모를까, 공연으로 돈을 벌려면 일주일 내내 공연을 하되 매 공연마다 매진되어야 합니다. 가령, 〈춤추는 평화〉 음반에 실린 노래들을 라이브 공연으로 하려면 열 명 이상의 풀 밴드에 국악기와 코러스도 있어야 해요. 2009년의 아르코 극장 공연은 제작비 6,000만 원이 넘는 공연이었어요. 그러니 티켓으로 이 돈을 버는 건 불가능합니다. 그래서 가수들은 공연을 꺼려요. 그렇지만 가수들에게 공연이 없으면 볼 것도 없어요. 우선 실력이 줄죠. 좋은 역량을 가졌더라도 운동권이나 언더그라운드 가수들은 설 무대가 없으니까 퇴보가 불가피해요. 기껏 한다는 공연이 정말 시스템 형편없는 데서 노래하는 거야. 대우도 못 받고.

지강유철_ 그러니 가수가 최선을 다하기란 불가능하겠네.

홍순관_ 물론이죠. 안 할 수 없어서 하는 거지. 더 적나라하게 이야기하면 그거라도 벌려고 하지. 그러는 사이 음악하고는 점점 더 멀어지는 거죠. 악순환인 거예요. 지금 하는 이야기가 형은 극단적으로 들려요? 아니, 실제보다 순화시킨 거예요. 가수로서 제 몸은 늘 거의 현장에 가 있었어요. 그 현장에서 가스펠 하는 친구들은 좀처럼 못 만나죠. 아니 한 번도 못 만났어요. 그러니 정신대, 세월호나 강정은 말할 것도 없죠. 문제는 이런 현장엔 시스템이 없다는 거예요. 시스템은커녕 무반주로 노래해야 할 때도 다반 사예요. 그래서 현장을 지키다보면 가수로서의 디테일이 떨어질 수밖에 없어요. 그런데 형도 알다시피 제가 추구하는 음악은 엄청난 디테일을 요구합니다. 이것이 30년 가까운 제 노래의 현장이자 슬픔이었어. 제대로 티켓을 팔아서 한 공연은 아르코 대극장 공연 '엄마나라 이야기' 정도였어요. 아르코 극장 공연은 진짜 공연이었어요. 내 평생 제대로 해 본!

〈나무〉, 나의 골방기도

지강유철_ 이제부터는 노래의 음악적 측면을 이야기를 해 보죠. '성모 형'이란 노래를 20여 년 전에 라이브로 처음 들었어요. 듣다보니 열 번째 마디 첫 음("시간에 흩날리어 찾을 수 없게 되오"에서 '에'에 해당하는)의 음정을 잘 모르겠더군요. (악보의 그 부분을 보이며) 처음 부를 때와 두 번째로 반복할 땐 다르게 들렸어요. 내가 잘못 들은 건지 모르겠지만, 두 번 중 한 번은 시간'에'가 E도 아니고 E^{b}도 아니게 들리던데….

홍순관_ 악보만으로 보면 틀렸다는 지적이 가능할 거예요. 형이 언급한 이 부분에서 음을 흐린 걸 두고 음악 평론

가나 열혈 마니아들은 음정이 틀렸다고 말할 수 있어요. 그러나 나는 처음부터 음악을 그렇게 생각하지 않았어요. '성모 형'은 반주가 단출한 곡이에요. 오랫 동안 저와 작업을 함께 한 경수가 〈신의 정원〉이란 음반을 낼 때까진 메트로놈을 쓴 적이 없어요. 물론 그 앞서 나온 〈양 떼를 떠나서〉도 마찬가지였지요. '성모 형'이란 노래의 소금을 불기 전에 지금 KBS국악관현악단 상임지휘자로 있는 이준호 형이 '해 너머 가기 전의 기도'란 노래를 녹음했어요. 매우 어려운 곡을 단소로 녹음하고 마친 후였던 거예요. 운동선수로 치자면 몸이 완전히 올라간 상태였어요. 악보를 보여주며 한 번에 가야 한다고 했고, 실제로 그렇게 녹음을 끝냈어요. 하나의 음정이 문제가 아니라 누구도 알 수 없는 그 시간 그 감성 그 느낌을 포기할 수 없었지요. 그래서 그대로 녹음을 끝냈어요. '잘 부른' 노래보다 연주자와 가수 모두의 올라간 감성이 더 중요했던 거예요.

지강유철_ 이 음의 음정 처리는 틀린 것도 아니고 맞는 것도 아닌, 그래서 그 두 사이의 경계를 확 지워버리는 느낌이야. 난 그렇게 느꼈어요. 시간에 대해선 누구도 자신 있게 말할 수 없다는 의미였는지를 묻고 싶었어요. 처음부터 의도했는지는 모르겠으나 '성모 형'이란 노래에서 이 한 음정을 흐린 것이 시간에 대해 많이 설명한 것보다 더 많은 이야기를 하고 있는 것처럼 보여요.

홍순관_ 나는 녹음한 사람이니까 그 부분을 못 잊어요. 음에 민감하기 때문에 내가 낸 소리는 알지. "시간에~"에 그걸 집어줘서 놀라고 있어요. 놀란다고 하면 내가 지휘 전공자를 깔보는 건가(웃음). 시간이나 세월을 음 하나로 어찌 이렇게 표현했을까 하는 상상력을 가진 팬이 있다는 건 행복하지!

지강유철_ 공연이나 글에서 작곡과 피아노로 데뷔 이후 지금까지 호흡을 함께 한 한경수 씨를 극찬했어요. 내 경우, 노래에는 울컥했는데 반주를 맡은 한경수 씨의 피아노가 그 정도까진 아니었어요. 공연장 피아노가 엉망이었을까, 아니면 녹음 엔지니어가 피아노 소릴 효과적으로 잡아내지 못한 것일까. 물론 이건 하나의 단편적인 예에 불과하지만 홍순관의 노래에 대해 말하는 것이 조심스러웠던 건 바로 이런 이유 때문이었어요.

홍순관_ 경수는 스무 살 때부터 나와 호흡을 맞췄어요. 경수는 피아노과가 아니라 작곡과를 나왔어요. 어릴 때부터 대학을 나오지 않은 작곡가 아버지 밑에서 음악을 배웠죠. 경수는 한 번도 같은 곡을 똑같이 친 적이 없어요. 녹음실에서는 칠 때마다 다르기 때문에 가수에겐 치명적이지요. 아내도 엄청 미울 때가 있는 것처럼 연습 때 쳤던 대로 녹음실에서나 공연에서 치지 않으면 그 비슷한 심정이 되는 거예요. 경수가 대학을 갓 입학했을 때 저는 이미 졸업을 한 상태였어요. 당시 나를 도와주던 부산대 예술대학 음악학과 조교가 다짜고짜 내게 전화해서 '물건'이 하나 들어왔다는 거야.(웃음) 지금 연습실에서 피아노 치고 있으니 학교로 오라는 겁니다. 그래서 갓 입학한 경수가 연습실에서 연습하는 소리를 들었어요. 짧은 인사 후에 가지고 갔던 악보를 보이며 내일까지 편곡 좀 해 줄 수 있겠냐고 물었더니 "그럴 게 뭐 있어요?" 하는 거야. 그리곤 즉석에서 치더군. 경수에게 타고 난 끼가 있다는 걸 그때 알았죠. 제가 경수한테 바라는 것은 정확한 음, 정확한 박자 이런 게 아니에요. 감성이죠. '성모 형'이라는 노래와 '대지의 눈물', 그리고 '어떤 바람'은 곡이 먼저 나왔어요. 형은 이게 굉장히 어려운 이야기라는 걸 잘 알죠?

지강유철_ 그럼 알지.

홍순관_ 시를 갖고 곡을 만들어야 하지만 내가 먼저 홍성모 형을 생각하며 써 보라고 했어요. 성모 형을 경수도 알고 저도 알았기 때문이죠. 경수는 문을 닫고 30분 만에 곡을 짓고 나왔어요. 내가 예상했던 대로 경수는 성모 형 이야기를 곡에 잘 녹여냈어요. 성모 형은 대학 때부터 당뇨병을 앓다가 이 병 때문에 2008년에 죽었어요. 윤복희 누님하고 내가 〈지저스 크라이스트 슈퍼스타〉를 할 때 성모 형은 제작자이면서 헤롯 역을 했지요. MBC 제1회 대학가 요제에서는 '제비'를 불러 특별상을 받았어요. 2회 때까진 창작곡이 아니어도 출전에 문제가 없었어요. 성모 형은 부산에서 노래를 제일 잘하는 사람으로 소문났었어요. 뮤지컬 연습 때였는데, 마칠 무렵 파티를 했어요. 그때 성모 형이 "이 풍진 세상을 만났으니~"로 시작하는 '희망가'를 불렀어요. 형의 노래를 처음 듣는 순간이었어요. 나는 성가로 다져진 목이었고, 성모 형은 술집에서 다져진 성대였어요(웃음). 쌍수로 만났는데 술집에서 다져진 성대가 비교할 수 없이 강하더군요. '노래는 이렇게 하는 거구나' 싶었어요. 성모 형이 몸이 상당히 안 좋아졌을 때 경수에게 곡을 쓰라고 부탁했어요. 악보는 안 나왔지만 내 머리와 가슴에 음악이 있었던 거예요. 경수가 쓴 곡을 듣고 나도 30분 만에 가사를 다 썼어요. '성모 형'이란 노래는 이처럼 거의 한 시간 만에 쓴 곡이에요. '대지의 눈물'도 마찬가지입니다. 한경수와 나는 20년을 다르게 살았지만 아무리 봐도 '성모 형'과 '대지의 눈물'은 이 가사일 수밖에 없고, 이 곡조일 수밖에 없어요. 그게 내가 한경수와 함께 할 수밖에 없는 이유입니다. 경수의 피아노는 음정이 맞고 박자가 정확한 그런 것 보다는 인간 대 인간으로 확 비집고 들어오는 게 있어요. 이게 정말 영화처럼 선명해요! 그런데 문제는 경수가 가끔 잠수를 탄다는 거야.(웃음) 그래서 서울에 와서 난다 긴다 하는 피아니스트들과 해봤어요. 그렇게 잘 친다는 피아니스트들도 왼손이 안 되는 거야. 경수에겐 아무도 흉내 낼 수 없는 왼손이 있거든요. 이 노래가 뭘 말하고 있는지를 그의 왼손이 다 표현해 내는 겁니다.

지강유철_ '나무'란 노래의 악보 이야기도 해 보죠. 이 곡은 7-8마디, 11-12마디, 15-16째 마디, 19-20마디의 음과 리듬이 똑같아요. 3-4째 마디는 음정은 다르지만 리듬이 같고, 위의 네 부분처럼 마지막 세 개의 음이 하행으로 끝나기 때문에 같은 카테고리로 분류가 가능해요. 차이가 있다면 7-8마디, 11-12마디, 15-16째 마디, 19-20마디는 완전 5도 하행하는 반면 2-3째 마디는 장3도 하행할 뿐이지요. 이 노래가 인상적인 것은 위에서 예로 든 부분이 대중가요에서 좀처럼 나올 수 없게 작곡을 했다는 점, 그리고 그 부분을 가수가 너무 잘 표현했다는 점이에요. 그냥 표현을 잘 한 게 아니라 자기의 장점을 극대화했다는 거예요. 난 이 부분만큼 홍순관이 가진 목소리와 음악이 절묘하게 잘 맞는 부분을 별로 찾기 어려웠어요. 다른 곡의 다른 부분들도 잘 하지만 반드시 홍순관이 아니면 안 된다고는 생각지 않아요. 그런데 이 부분은 홍순관의 매혹

나 무

홍순관 글.곡

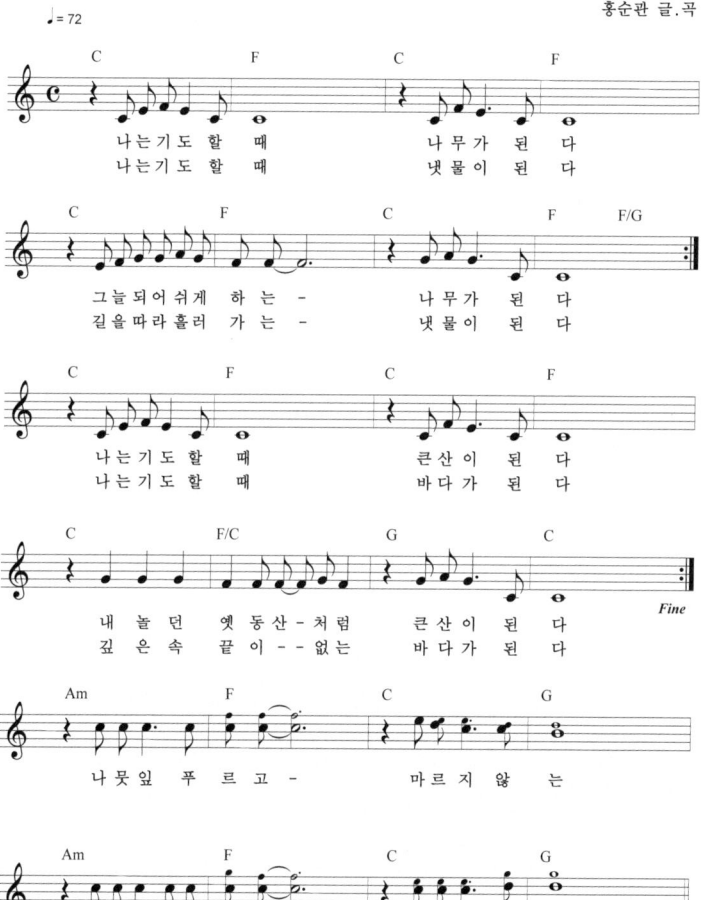

적인 저음과 표현이 아니면 안 될 것 같다고 느껴요, 나는! 음이 높지도 않고, 선율이 빼어나지도 않은 대목인데 홍순관이 부르니 특별해진 것이지요. 그래서 8마디나 똑같은 리듬과 선율로 하행 처리한 의도를 묻지 않을 수 없어요. 이 대목 기억나죠?

홍순관_ 그럼, 생생합니다. 이게 두 번째로 작곡한 곡이거든요. '나무'란 이 노래를 떠올리면 아직도 얼어있던 피아노와 얼어 있던 책이 생각나요. 책이 언다는 걸 나는 13평 아파트에서 신혼생활을 시작하던 그때 처음 알았어요. 이 곡을 쓰던 1990년 11월의 겨울은 굉장히 추웠어요. 부산에서 서울로 왔는데 내가 뭘 해야 할지 아무 것도 모르고 아무것도 없는 상태였어요. 그 즈음에 노자를 읽고 있었는데요. 노자를 읽으면 "그만 둬라, 가만히 있어라"는 얘기만 들리는 거예요. 당시의 처한 상황 때문에 나는 뭔가를 끊임없이 도모하고 있었어요. 방송도 하고 싶고, 교회개혁을 위해 큰일을 하고 싶었어요. 그런데 노자는 내 속에서 계속 "그만 둬라, 가만히 있어라"라고 말하더라구. 이 곡이 찬송가 후렴처럼 계이름으로 '솔라솔도도'를 반복하는 것은 노자가 자꾸 내 소매를 끌어당기고 있다는 의미죠. 이 '솔라솔도도'가 진짜 내 골방기도였던 셈입니다. 유철 형 덕분에 행복한 대화를 하네!

지강유철_ '나무' 악보를 보고 나서야 이제껏 한 번도 던지지 않았던 질문이 떠올랐어요. 좀 무례한 표현인지 모르겠으나 홍순관이 쓴 곡과 한경수가 쓴 곡의 차이점이 뭐죠? 내가 볼 땐 변별점이 별로 없어요. 누가 누굴 닮은 거지?

홍순관_ 와~ 진짜 대단하다. 경수를 열아홉 때 알았다는 게 중요해요. 물론 작곡가로 나와 비교한다는 것은 말도 안 되고요.(웃음).경수는 어떤 곡을 쓰면 내게 봐달라고 해요. 그러다 보니 거의 모든 곡에 제 생각이 반영되었죠. 한편으론 미안하지. 경수는 그렇게 하는 것에 대해 불만스러워 하거나 기분 나빠하지 않고 내 수정 제안을 다 받아줬거든. 그러니 둘의 감성이 닮을 수밖에. 가수로 활동을 시작하면서부터 찬송가 음반을 내고 싶었어요. 한국의 찬송가가 너무 천박하다 생각했기 때문이에요. '양떼를 떠나서'를 선곡한 이유를 들려줬더니 경수는 금방 감을 잡았어요. 교회에서 보통 부르는 템포보다 느리게 불러줬어요. 양은 생각보다 굉장히 고집도 세고 성질이 못 된 놈이란 것도 말해 줬지요. 목자에겐 지팡이와 막대가 있는데 가시덤불로 파고드는 양은 꼭대기가 반원형으로 된 지팡이로 배를 잡아끌고, 일자 막대기로는 맹수들을 쫓았다는 그 얘기 말이에요. 경수가 피아노에 앉더니 지금 음반에 녹음된

"딴~따딴 따다다 딴 다 딴…" 하는 전주를 바로 치더군!

지강유철_ 찬송가를 녹음한 음반 〈양떼를 떠나서〉에서 '이 세상은 늘 요란하나'는 거의 언급되지 않아요. '은혜의 강가로'를 뺀다면 뭐 다른 곡들이라고 제대로 된 대접을 받았다는 뜻은 아니지만.

홍순관_ 사실 이번 노래신학을 연재할 때 이 찬송가에 관한 글을 쓸까 고민했었어요. 하지만 가사가 약간 맘에 안 들어 포기했어요. 10여 년 전부터 그랬어요. 아니, 십년이 뭐야. 공연 때 이 찬송 안 부른지 정말 오래 됐어요. 형, 저는 '이 세상은 요란하나 내 마음은 편하다'는 가사가 자꾸 걸려요. 신자로서 갖는 평화를 말하려는 것은 알겠는데 작금의 현실에서 도피하는 것 같아 적어도 지금은 못 부르겠어요.(웃음) 지난 4월 초에 청파교회에서 정말 오랜만에 이 찬송을 불렀어요. 다른 걸 떠나 멜로디가 주는 위로와 감동이 있어서였어요.(웃음)

요원한 '노래신학'

지강유철_ 노래신학의 필요성은 언제부터 느낀 거야.

홍순관_ 한국교회의 노래들이 너무 신학적이지 않다는 생각을 20년 전부터 했어요. 가스펠을 그렇게 오래 불렀어도 노래신학 문제는 해결되지 않았어요. 신학교 채플 때나 특강에서 노래신학의 필요성을 수 없이 이야기했지만 아직 한편의 논문을 못 만났어요. 그래서 저라도 나선 거죠.

지강유철_ '바람처럼 가벼운 예수'에서 가볍다는 건 무슨 의미야?

홍순관_ 그 가사는 '바람의 말'에서의 바로 이 부분(을 노래하며), "떨어진 밤송이가 삐죽"에 나오죠. 양화진 목요강좌의 첫 인사 때도 그 이야길 했어요. 나뭇잎이 무거워서 떨어진 게 아니라 가벼워서 떨어진 것이라고. 예수는 십자가 위에서 물과 피를 다 흘려서 가벼워지셨어요. 인류의 모든 죄를 짊어지셨는데, 그래서 가벼워진거야. 다 이루신거지. 바람처럼 가벼운 예수란 그렇게 가벼워진 걸 말하지. 그 점에 있어서 예수보다 가벼운 존재가 없다는 겁니다.

지강유철_ 가벼움을 정면에서 설교하거나 신학화한 목사나 교수를 이제껏 보지 못했어.

홍순관_ 형이 신학을 공부해서 노래신학을 써 주면 좋겠다.

지강유철_ 사실 교회는 가벼움이 아니라 늘 무거움과 성실함과 부지런을 강조했지. 때문에 그런 한국교회 분위기 속에서 어떻게 홍순관은 가벼움과 만났는지가 궁금해.

홍순관_ 내가 욕심부렸던 일들에서는 역설적으로 항상 가벼움을 만났어요. 정신대 공연이나 평화박물관 공연도 어찌 보면 상당한 욕심이었던 거야. 보기에는 뜻도 좋고 봉사하고 헌신하는 것 같지만, 인간 존재나 가족의 입장에서 보자면 그건 혹사거든요. 상처를 받아가면서 일을 해야 하니 몸한테는 물론 가족한테도 미안한 욕심이지. 사실 이 가벼움은 노자, 장자, 성경에 다 있어요. 낡은 신발 하나, 옷 한 벌로 살라는 거지. 간디가 보여준 것처럼 살라는 거지. 자본주의 체제에서는 그게 쉽지 않은 정도가 아니라 불가능하지요. 고등학교 1학년 때부터 금식을 했어요. 금식을 해보면 가벼운 게 좋다는 걸 금방 알아. 중학교 1학년 때 노래 콩쿠르에 나갔어요. 그때는 노래 순서를 뽑기로 정했거든. 그러니 점심시간에 걸릴지 그 이후에 걸릴지 모르잖아. 그래서 그때부터 밥을 먹지 않고 노래를 부르는 게 습관이 됐어요. 밥을 안 먹고 노래를 하면 호흡이 훨씬 길어지더라고. 밥을 안 먹고 어떻게 노래를 하냐는 사람도 있지만, 숨은 가벼워야 해요. 가벼워야 호흡이 길어지고, 가벼워야 몸이 가뿐해져. 이처럼 내가 처음으로 가벼움을 만난 건 금식이었던 거야. 고등학교 1학년 때였어. 3일 철야 금식을 하고 들어왔는데 아버지가 그깟 것을 왜 하냐고 그러셨어. 그래서 나는 '심령이 가난한 자는 복이 있나니…'라는 성경을 인용하며 금식으로 가벼워진 몸에 대해 설명을 했어. 아버지는 금식하고 온 아들이 귀여워서 잣죽을 끓이며 그렇게 물으신 거야. 몰라서가 아니었지. 그렇게 아버지와 이야기를 주고받다가 '가볍다'는 게 이런 것이란 사실을 깨달은 거예요.

지강유철_ 이 가벼움은 법정 스님의 '텅 빈 충만'의 비움과는 뉘앙스가 다른 것 같아. 그렇다면 텅 빈 충만이 공간적 인식이라면 가벼움은 무엇에 대한 인식일까.

홍순관_ 〈민들레 날고〉에 "자유가 날고"라는 노랫말이 나와요. 바람을 우린 성령이라 배웠지. 바람보다도 더 자유로운 건 없죠. 지금 여기에도 있고 없고 하니까. 다석 유영모 선생님도 얘기했고, 성서에도 있는 말씀이지만, 성령이란 존재는 언제나 바람입니다. 이게 왜 가벼운가 하면, 생색을 안내거든. "내가 왔어, 나는 갈 거야, 이제 일을 마무리 해"라고 안 하거든. 예수가 그렇게 일을 하셨지. 바람처럼 가볍다는 것은 그 분처럼 가볍다는 것인데, 이것은 간디처럼 무소유였다는 게 아니라 상당히 자유로운 분이셨다는 의미지요. 이론적으로든 실천적으로든 그렇게 가벼울 수가 없는 거지. 그래서 내가 예수를 닮고 싶은 거죠.

지강유철_ '자유가 날고'라는 노래가 기독교에서 부정적으로 낙인찍었던 가벼움을 긍정적 의미로 복권시킨 거네.

홍순관_ 애들한테 "예수는 누가 죽였다고 생각하니?"라고 물어요. 그리고는 '숫자'가 예수를 죽였다고 말해줘요. 만약 예루살렘 군중들이 살리라고 소리쳤다면 빌라도는 예수를 죽이지 못했을 거야. 지금 오랫동안 한국교회는 숫자를 따라가고 있어요. 대형 집회, 전도대폭발, 대형 교회를 추구하잖아. 아버지는 '단출하다'는 표현을 자주 쓰셨어. 나그네는 단출하게 준비해야지 무거우면 여행을 다닐 수 없다는 거지.

지강유철_ 가벼움을 평생 노래한 홍순관이 '쌀 한 톨의 무게'를 썼어. 굉장한 역설이야. 그렇다면 여기서의 무게란 어떤 의미야.

홍순관_ 《내가 걸으면 하나님도 걸어》에 쥔 손으로는 아무 것도 못 갖는다는 얘길 썼어요. 손을 펴면 세상을 다 가질 수 있지. 내 손 안으로 바람이 들어오니까. 이 바람은 어디에나 있거든. 이 무게를 이야기하는 거지. 내가 손을 펴면 온 우주가 다 들어온다는 의미입니다. 이건 뭐 가사에 다 있지만 한 생명에 다른 모든 생명이 들어있다는 거죠. 하나의 무게가 모든 무게인 겁니다.

지강유철_ 노래신학을 요청하며 기대한 것은 고등학교 2학년 때 윤동주의 〈십자가〉에서 발견한 '조용히'가 어떻게 오십이 넘도록 삶을 이끌어 올 수 있었는지에 대한 답이 아니었을까.

홍순관_ 그렇죠. 교리가 아니라 신학이었지. 만약 교리적 해답을 상상했다면 그 분들이 신학을 오해한 것이겠지.

지강유철_ 신학이란 단어를 서로 다르게 생각했을까.

홍순관_ 형이 지금 정확하게 지적한 거예요. 윤동주가 말한 '조용히'에 대해 성경은, 또는 예수의 정신이나 신학은 무엇이라 하는지 궁금했던 거예요.

지강유철_ "꽃이 열리고 나무가 자라는 소리 너무 작아 듣지 못했네"라고 노래했을 때의 그 소리가 나는 궁금했어. 결국 그 소리 또한 수십 년 동안 홍순관을 노래하고 움직이게 한 자존감으로서의 신학이 아니었느냐는 거지.

홍순관_ 맞아요. 그래서 내 숨을 쉰다는 얘기를 했던 겁니다. 자존감이죠. 왜 목사들은 그걸 모를까?(웃음) 나는 홍순관의 가사가 좋다, 노래 잘한다, 멋진 일을 한다는 칭찬에는 큰 관심이 없어요. 내 숨을 쉰다고 했을 때의 리듬이란 아침의 리듬과 밤의 리듬이 다르고, 사람마다 일마다 템포도 모두 다름을 말하잖아요. 기도의 리듬과 봉사의 리듬 또한 마찬가지지요. 모든 일의 리듬과 템포가 다르다는 걸 나는 신학이 얘기해 주길 원해요.

지강유철_ 홍순관의 아름다운 음악이나 노랫말에 대한 해석이나 상찬을 누가 마다하겠어. 하지만 더 중요한 것은 홍순관이 노래하며 살 수밖에 없던 한 숨에도 관심을 가져야 한다고 나는 생각해. 그 고독한 투쟁에 무관심한 채 노랫말의 아름다움이나 멜로디의 빼어남만을 칭찬하는 것은 이기적이고 무책임하지. 평화를 말하는 사람들이 어떻게 외국까지 가는 공연에 가수에게 노 개런티를 요구하는 것으로도 모자라 경비 부담까지 떠넘기느냐고!

홍순관_ 교회나 NGO 단체에서 나를 부르며 기대하는 건 아티스트의 노래가 아닌 것 같아요. 지금까지 경험한 바에 따르면, 그냥 행사를 멋지게 보이게 하는 노래를 해달라고 초청하는 게 아닌가 싶어. 그러니 꼭 내가 가야 할 이유도 없는 거죠. 어떻게 그 가수에 대해 충분히 알아보지도 않고 시간을 내주고는 공연이 끝나면 '이건 아닌 것 같다'고 비판할 수 있냐고. 문제는 그런 교회나 단체가 많다는 거야, 형. 얼렁뚱땅 넘어 가죠. 디테일이 없어요. 인터넷도 없던 시절이라면 또 모르지. 요즘은 틀면 다 나오잖아. 그 가수에 대해 최소한의 것도 알아보지 않고 초청한다는 건 누가 오든 상관없다는 태도예요. 그저 행사만 하면 되는 거지. 그런 곳에 초청을 받고 노래할 땐 전혀 매력을 못 느껴요.

교계의 천박한 개런티 문화

지강유철_ 음악 하는 사람들에게 레슨비는 단순히 돈의 개념일 수가 없거든. 자신의 경력이나 실력이 제대로 대우를 받고 있느냐와 직결되는 문제라고 생각하니까. 그런데 한국교회는 가수의 공연 개런티와 레슨비를 똑같다고 생각하나 봐. 이런 천박한 사고방식을 하면서도 부끄러운 줄을 모르니.

홍순관_ 이 문제는 격조 있게 할 이야기가 못 됩니다. 내용을 따져서 개런티를 정하는 게 아니거든. 대다수 교회들이 제공하는 개런티는 노동량도 안 되는 수준이지. 가수의 노래가 어떤 과정을 통해 음반으로 제작되고, 얼마나 많은 공부와 세월을 쏟아야 나온다는 건 관심조차 없어요. 개런티를 정하면서 4분짜리 한 곡이냐 두 곡이냐 정도만 따지는 거야. "두 곡 불렀으니 얼마 드릴게요."라니! 가수는 그런 게 아니죠. 어떻게 그럴 수 있어. 차타고 가서 무대에 서면 두 곡을 부르나 아홉 곡을 부르나 비슷해요. 가수나 화가나 시인은 퇴직금이 없잖아요. 작품이 비싸다든지 하는 이야기는 장르가 다르기 때문에 예술가나 애호가가 아닌 일반 사람들에게 이해시키기는 건 쉽지 않아요. 특히 노동자가 한 달 일해서 받는 돈과 단순 비교하면 더 그렇죠. 하지만 이런 정도는 생각할 수 있잖아. 저는 30년 전에 가스펠 가수로 취직을 했어요. 그런데 그때와 지금의 월급이 거의 똑같다는 거지. 지금 나는 가수나 시인이나 화가들이 이런 월급을 받고 있는 현실을 말하는 것이거든. 이건 말이 안 되지. 어떻게 경력 사원을 신입사원하고 똑같이 대할 수 있냐고. 폭력도 이런 폭력이 없는 거지. 그 다음엔 초청을 하고 개런티를 정할 때 내용도 좀 봐주면 좋겠어. 문제는 프로필을 보고도 모른다는 거죠. 어느 정도인가 하면, CBS 복음성가 대회에서 대상받은 젊은 애가 링컨센터에서 공연한 나보다 훨씬 낫다고 생각하는 교회가 많다는 겁니다(웃음). 이런 상황이니 제대로 된 개런티를 받는 일이 얼마나 부질없게 보이겠어. 어떤 교회에서는 "CBS에서 상 탄 거 없어요?"라고 묻는데 할 말이 없더라고. 이럴 땐 정말 노래 안하고 싶지.

지강유철_ 노 개런티 요구는 얼마나 받는 거야.

홍순관_ 음… 노 개런티가 개런티보다 더 많았어요. 교통비만 줄 테니 와서 해달라는 곳도 부지기수죠. 사실 교통비만 준다는 게 노 개런티거든! 10만 원 정도의 교통비를 주면 노 개런티 아니야? 교통비만 줄게 와 달라는 요청이 횟수로 따지면 개런티를 준다고 할 때보다 더 많아요. 물론 이건 홍순관이라는 가수가 해 왔던 일로 형성된 이미지도 한 몫을 할 거예요. 자선음악회 전문이라는!(웃음) 모금공연을 하면서 내가 자선공연이라고 말한 적도 없는데 자기들끼리 포스터와 팸플릿에 자선공연이라고 홍보해. 그러니 당연히 개런티는 없죠. 그래서 '결국 일은 사람이 하는 거다. 가수가 세금을 못 내고 살면 가수일 수 있겠냐. 가수 생각은 안 하냐?' 그러면 자선음악회 타령이야. 이러면 난 말문이 막히지. 형이 알다시피 난 매니저가 없잖아. 매니저가 이런 일들을 처리해주면 모양새는 좋겠지. 그런데 나는 직접 해야 하는 거야. 이보다 먼저 할 이야기가 있어요. 문학하는 내 친구 교수도 페이스북에 썼잖아. 오죽하면 '강사비에 대해 미리 말 좀 해 달라'고 그랬겠어요. 나도 많은 경우 어떤 교회나 단체에서 초청할 때 개런티에 대해 끝내 말을 안 해. 날짜 되느냐 묻고, 자기들 필요한 주제만 말해. 그럼 어떡하라는 거야. 물론 처음으로 가수 섭외를 하면 개런티를 말하는 게 조심스러워 못하는 경우도 있겠죠. 이해합니다. 그러면 가수들은 어떡해. 아무 말 안 하고 가야하는 거지. 어린애가 아니라면 가수를 초청하면서 그 정도 생각은 해야죠. 이게 교회의 천박한 문화인거야. 그런 건 가수들에게 엄청난 상처가 있는 거야.

지강유철_ 노 개런티는 사양하겠습니다, 라고 선언이라도 한다면 돈에 영혼을 팔았네, 타락했네. 그러며 비난하겠지!

홍순관_ 얼마 전에 서울의 한 스카이 대학에서 전화를 받았어. 가수 에일리를 섭외해달라는 거야. 에일리가 교회

다닌다는 걸 어디서 듣고는 3천만 원 예산을 세웠다며 섭외를 부탁한 거지. 에일리가 무대에 서려면 음향과 세션이 따라와야 하잖아. 아는 후배 가수에게 물었더니 에일리는 "보통 2,500만 원을 받기 때문에 아무리 간곡하게 요청해도 2천 이하로는 어려울 거라는 거야. 그런데 초청한 곳이 에일리 개런티가 2,000만 원이라면 놀랄까? 안 놀랍니다. 대형교회들은 2,000만 원이라도 에일리 부릅니다. 몇 천만 원을 주고 남진도 부르고 심수봉도 부릅니다. 이런 가수들은 주로 새신자 초청 잔치 때 많이 부르지. 교회 얼굴(이미지)을 그런 것으로 뽐내고 파는 거지. 개인적으로 그린 가수들은 뛰어난 대중가수라고 생각해요. 그러나 교회 안으로 들어오면 다른 거지요. 종교에서 부르는 노래와 대중가요는 장르가 다른 거잖아요. 경력이 다른 거지요. 그런데 평생 가스펠을 부르고, 일평생 교회개혁을 꿈꾸는 가수에겐 그런 교회에서 50만 원을 주는 거야. 이게 대체 무슨 문화인가 싶은 거지. 이런 걸 어디 가서 이야기하겠느냐고. 종교가 시장과 똑같이 천박한 거야. 이걸 일선에서 허구한 날 당하는 게 가스펠 가수야. 그래서 끊임없이 노래신학이 있어야 한다고 말하는 거야. 내가 이 책을 쓰는 것은 나의 노래를 지키기 위해서야. 그렇게 노래신학 논문을 써 달라고 하는 데 안 써주니까, 그렇게 노래하겠다는데 무대가 없으니까 정신대, 소년의 밥상, 춤추는 평화 등등의 공연을 기획해서 하고 있는 거야. 돈 몇 푼 더 달라, 알아 달라는 얘기를 하는 게 아닌데, 이런 말을 과연 오해하지 않을 수 있을까. 지금 이 이야기는 노래에 대해, 기독교에 대해 어떤 자존감을 후손들에게 남겨줄 것인가의 문제라고. 교회가 어떤 노래를 내 아이들에게 전해줄 것인가의 문제지.

홍순관의 사람, 사람, 사람들

지강유철_ 〈기독교사상〉에 연재한 글에는 고마운 사람들 이름이 많이 나와요. 사람에 대한 홍순관의 생각이 궁금해.

홍순관_ 2014년에 평화박물관에서 '역설의, 꽃 평화 전'을 열었을 때 붓글씨로 '사람에게 사람이란' 글을 써서 전시했어요. 마르틴 부버의 책을 통해 절실하게 사람을 생각하게 되었어요. 부버가 이런 이야기를 했어요. '나는 가끔 문을 잠그고 독서를 한다. 그것은 내가 문을 열 수 있고 그러면 사람을 만날 수 있기 때문이다. 내가 죽었을 때 내 손에는 책이 쥐어져 있지 않을 것이다. 내 손에는 사람의 손이 쥐어져 있을 것이다.' 무엇을 하든 결국은 사람과 함께

하는 것이지요. '시노래모임 나팔꽃' 공연 때에는 내가 사회를 맡았기 때문에 가수들을 소개했어요. 이들 중에는 그리 유명하지 않은 사람도 있었어. 그러나 정성을 다해서 소개했어요. 같이 활동을 해보니까 재능이 아깝더라고. 주변에서 "남은 그렇게 안 해주는데 당신만 그렇게 지극정성이냐"는 얘길 듣기도 했지. 하지만 그건 그거고, 나는 그 사람들이 걸어온 발걸음 때문에 오늘의 내가 있다고 생각해요. 그 걸음이 훌륭하든 아니든 상관없이. 그들 중에 어떤 가수는 노래를 썩 잘하진 못해요. 그렇지만 한두 곡은 아무도 그렇게 못 부르지! 그건 노래를 잘 부르고 못 부르고의 문제가 아니에요. 가창력 문제도 아니에요. 그 표현은 그 가수이기에 가능한 거예요. 그런 가수들이 묻혀 있기 때문에 나는 진심을 다하는 거지. 모든 노래를 잘 부른다고 좋은 가수가 결코 아니거든.

지강유철_ '시노래모임 나팔꽃'에는 어떻게 합류했는지.

홍순관_ '시노래'를 부를 능력이 된다고 해서 추천을 받은 거예요. 반대한 사람도 있었어. 쟤가 무슨 가수야? 라고 생각하는 사람이 있었다는 얘기지. '양떼를 떠나서'와 같은 찬송가나 부르던 가수였으니. 안치환도 있고, 나름 유명한 가수가 많은데 내가 눈에 들어왔겠어?

지강유철_ 그럼 제안은 누가?

홍순관_ 백창우 형이죠. 저를 알아보고 진행은 홍순관이 해야 한다고 한 거예요. 사회를 보는 건 사실 가수에게는 어마어마한 단점입니다. 가수는 자기 노래를 임팩트 있게 하고 들어가야 되는데, 계속 무대에서 수다를 떨어야 하잖아. 그런데 왜 지금까지 그렇게 해 왔느냐. 내겐 가수로서 이름을 날리겠다는 것보다도 교회개혁이, 세상개혁이 더 중요했어요. 그래서 세월호 공연을 하든, 평화박물관 공연을 하든, 정신대 공연을 하든 나는 세상을 예수의 정신으로 바꾸는 게 중요했어요. 가수로서 뭔가를 하는 건 다음이었지. 그러다 보니 가수로서 폼이 날 수가 없는 거지. 그걸 잘 알지만 그렇게 안 할 수 없는 게 내 십자가야. 눈물이 날 만큼.

지강유철_ 그 제안은 언제쯤 받았어요?

홍순관_ 1999년이었어요. 본격적 공연은 2000년에 시작했지. 이 세상을 향해 아름다운 말과 메타포가 있는 노래를 할 좋은 기회였지. 더군다나 진행자로 이야기를 하고 노래도 할 수 있어서 너무 좋았어요. 종교와 상관없이 불특정 다수에게 내 생각을 전하면서 일종의 실험을 한 거지. 예수는 그 시대에 어떤 언어로 어떤 사람들과 이야기를 했을까! 예수님이 교회 다니는 사람들만 와라? 그러지 않으셨을 거야. 그땐 교회도 없었고.

지강유철_ 홍순관의 노래를 좋아하는 팬도 있겠지만 그보다는 '나보다 나를 더 귀하게' 대해주기 때문에 좋아하는 사람들도 많지 않나? 이게 홍순관의 처세인가?(웃음)

홍순관_ 형, 다른 대답을 할게. 처음 노래를 할 때부터 지금까지 난 외로웠어요. 우리 집사람은 내가 하는 일에 비해서 너무 벌이가 안 되고, 하는 일에 비해서 너무 유명하지 않대. 그래서 날 알아주고 진심으로 좋아하는 사람은 보여. 그건 병이지만 어쩔 수 없는 거야. 아직 도사가 안 된 거지. 사실 난 도사도, 도사인 척하는 것도 싫어요. 그래서 동지를 만났다는 생각이 들면 참 좋아. 이 일을 하면서 그런 사람 만나는 게 쉽지 않거든. 저는 새로운 기획공연을 시작하고 첫 발을 내디딜 때마다 거의 아무도 없어요. 늘 무모한 시작을 한 거죠. 뉴질랜드든 뉴욕이든 외국에 나가면 내가 누구를 알겠어. 거기다 영어도 잘 안 돼요. 기타 메고 트렁크 들고 모르는 길을 시작해야 할 때, 내 진심을 알아주는 사람을 만나면 바로 무장해제지. 그 사람의 진심이 세월로 증명까지 되면 신뢰하게 되죠.

메르세데스 소사와의 극적인 만남

지강유철_ 링컨센터 공연이 '맨 땅에 헤딩'하듯 했다던데.

홍순관_ 2005년 들어서고 바로였어. 뉴욕에서 일면식도 없는 뉴욕한국문화원장을 무작정 찾아갔어요. 때문에 10분 정도 공연 이야길 할 수 있을 거라 예상했어. 그랬는데 반나절이나 이야기를 한 거야. 문화원장은 대화 중 바로 링컨센터에 전화를 걸었어요. 한 나라의 문화원장이 처음 만나는 무명가수에게 마음이 끌렸는지 대관신청을 해 준 거지. 그렇지만 그 원장님과 이런 만남은 반복되지 않았어요. 그런 일이 반복되는 사람을 만나면 동지지, 동지!

지강유철_ 메르세데스 소사와의 극적인 만남도 못 잊을 듯한데.

홍순관_ 형, 아까 민기 형을 찾아갔을 때 메르세데스 소사 테이프를 선물 받았다고 했잖아. 그 이후 소사 테이프를 닳도록 들었어요. 2002년 LA를 갔을 때 소사를 만나는 믿을 수 없는 일이 벌어졌지. 김민기 형이 아르코 공연 때 '엄마나라 이야기'를 보러 왔어. 민기 형은 남의 공연을 안 보는 걸로 유명한데 그 날은 뒤풀이까지 오셨어요. 그 자리에서 민기 형을 찾아갔을 때 소사 테이프를 선물로 준 이야기를 했어. 그랬더니 "야, 그거 없어졌나 했더니 너한테 줬었구나" 그러더군. 테이프가 민기 형에게도 중요했는데 날 주고 잊어버린 거지. 그때까지 소사 음악이 우리나라에 안 들어왔었거든. 내가 LA에서 소사를 독대할 수 있던 것은 민기 형으로부터 그 테이프를 선물로 받았기 때문이야. 〈나처럼 사는 건 나밖에 없지〉란 음반을 내주겠다고 LA동포들이 나를 부른 일이 있었어요. '〈신의 정원〉 이후 왜 음반이 없느냐'면서 2만 불을 모아준 거죠. 이 기획을 했던 유연희 씨라는 분이 호텔 로비에서 기프트샵을 운영하고 있었는데 내가 그 분에게 감사의 선물로 소사 CD를 선물했었어요. 근데 소사가 하필이면 그 호텔에 투숙하면서 우연히 기프트샵에 들렸을 때 내가 준 CD를 틀어놓았던 거야. 게다가 소사가 UCLA 대학 공연을 위해 LA에 왔을 때 나도 공연을 갔던 거지. 어떻게 이런 우연이 있을 수 있냐고. 미국에서는 소사를 잘 몰라요. 소사는 아르헨티나 국민 가수이지만 소사를 자본주의 나라에서는 잘 안 듣거든. 미국 호텔에서 자기 노래가 나올 거라고는 상상을 못한 거지. 그래서 깜짝 놀란 거야. 소사가 인디언처럼 생겼고, 음반에 꼭 자기 얼굴을 넣기 때문에 누구든 금방 알아볼 수가 있어요. 두 사람이 이야기를 하다가 내 이야기를 한 거야. 이 CD가 한국 가수가 준 선물이라고. 마침 그 가수가 공연을 위해 LA에 와 있다고. 시간이 안 맞아서 내 공연엔 못 왔지만 자기 공연에 나를 초청했어. 민기 형에게 소사 테이프를 선물로 받기 전까지 나는 기껏해야 영국이나 미국 음악을 들었어. 그때 처음으로 아르헨티나 음악을 들은 거지. 민기 형은 이런 음악을 들었구나 싶더라고. 역시 세상은 참 넓다고 느꼈어요. 그걸 얼마나 많이 들었느냐 하면, "소사는 이 대목에서 손을 들고 노래했을 거야. 그것도 오른손이 아니고 왼손을, 소사는 앉아서 노래하는 것 같았고, 이 대목에서는 춤을 췄을 거야."라고 상상했는데 공연을 보니 정말 그렇게 노래하더라고. 이건 나와 하나님만 아는 비밀이지. 누가 믿겠어? 벅찬 감격이었지. 그날 공연은 내가 들은 건반 중 최고, 내가 들은 베이스 중 최고, 내가 들은 퍼커션 중 최고, 내가 들은 피아노 중 최고였어요. 내가 좋아하는 기타는 할 말이 없습니다. 그야말로 황홀경이었어요. 공연이 끝나자 소사가 나를 다시 불렀어요. 소사는 내게 DVD 한 장을 선물했어요. 조그만 공간에서 북이랑 기타 하나로 까 고정된 카메라로 찍은 싱거운 DVD였지만, 난 아직도 간직하고 있어요.

지강유철_ 카네기 홀 공연을 할 기회가 있었다면서.

홍순관_ 네. 그 뒤에 소사의 미국 매니저가 〈민들레 날고〉 음반을 듣고 "너를 카네기 홀에 띄울 테니 준비하라!"고 했어요. 얼마나 들떴겠어요. 카네기 홀에 소사를 올린 바로 그 미국 매니저였어요. 그리고 나서 나를 알아보니까 내가 너무 무명이라 그 매니저가 주춤했지. 유명한 게스트 한 명을 끼워 카네기 홀에서 공연을 하자고 그러더라고. 그때 정태춘 형을 제안했어야 하는데 뉴욕에 있는 한대수 씨가 생각났어요. 한대수 음반을 주니까 이 사람은 안 된대. 이런 쟝르의 가수는 미국에 많다는 거지. 미국 매니저는 내가 국악을 했기 때문에 솔깃했던 거야. 옆에 있던 기프트샵 주인이 양희은은 어떠냐고 하더군. 자기가 시카고에 살 때 양희은과 곁에 살았다면서. 나쁘지는 않은데 최상은 아니라고 대답했어요. 귀국해서 일산으로 양희은 선생을 찾아갔지. 소사 이야기를 하니 눈빛이 달라지시더군. 포크 쪽에서 소사하면 끝나거든. 문제는 양희은 선생은 자기가 메인이고 내가 게스트라고 이해한 거야. 나한테 "세 곡이면 되겠어요?" 하더라고. '그런 게 아닙니다'라고 말씀드리고 헤어졌어요. 미국 매니저에게 상황을 설명하니 일단 미루자고 하더군. 그래서 카네기 홀 공연은 무산됐어요. 이 이야길 길게 한 것은, 이런 저런 추억들을 돌이켜보면, 나는 가수로 성공하고 싶은 마음은 그리 간절하지 않았다는 거예요. 그게 절실했으면 다시 못 올 이런 기회를 놓쳤겠어? 링컨센터에 섰을 때도 내 목적은 미국 사람에게 분단을 알리고, 우리가 짓는 평화박물관에 미국 사람들이 기부하라는 거였거든(웃음).

지강유철_ 링컨센터 공연을 떠올리면 잊을 수 없는 사람이 또 있는 거 같던데.

홍순관_ 맞아요. 링컨센터 공연을 준비하면서 뉴욕 용커스에 위치한 한인동산장로교회에서 공연을 했어요. 거기서 91년도에 제가 진행하던 라디오 프로를 하루도 빠짐없이 들었다는 여자 분을 만났어요. 그 분은 15년이 흘러 동산장로교회 부목사 사모님이 되어 있더라고. 공연이 끝나고 그 분이 내 팔을 잡고 15년 전 자신이, 제가 진행하던 심야방송을 빼놓지 않고 들었고, 한 때 (제가 유부남인지 모르고) 결혼상대로 기도를 했다는 이야기를 해주었어요. 재밌고도 신비한 장면이었어요. 마치 성서에 펼쳐지는 '숨은 도움' 같은 이야기지요. 그 덕에 공연 팀의 연습장 문제를 해결했고, 그 많은 식구들 밥을 해 주고, 버스 두 대를 내주어서 링컨센터까지의 이동을 도왔어요. 이게 말이 쉽지 모두 렌트했다면 돈이 얼마야. 다른 한 분의 여성도 그 자리에 앉아 있었는데, 지나 김이라는 분이에요. 그 교회를 나가는 사람도 아니고 우연히 부흥회에 참석했다는 겁니다. 그런데 앉아서 들어보니 이 사람을 도와주고 싶다는 마음이 우러나왔다는 거지. 그 분은 조수미, 신영옥 등 한국의 내로라하는 연주자들의 공연을 도맡아 기획을 한 분이었는데 최근엔 그 일을 접었다는 거예요. 그런데 그 날 제 이야기를 듣고는 어떤 모양으로든 저 사람을 도와야겠다는 마음이 일어났다는 거예요. 실제로 링컨센터에서 막대한 공연료를 줄이고 마무리 할 때 절대적인 힘이 되고 공연 끝까지 정성을 다하여 뒷바라지를 해 주었지요.

지강유철_ 그 많은 사람의 이름을 기억하고 일일이 고마움을 표한 것은 조금만 정치력을 발휘하면 그렇게 어렵지 않습니다. 그러나 글이나 말로 자신에게 엄청난 피해와 고통을 준 사람에 대해 험담하지 않기는 쉽지 않지.

홍순관_ 나도 남 욕 많이 해.(웃음)

지강유철_ 내 말은 아우님이 상당할 정도로 자신에게 큰 어려움을 준 사람에 대해 절제를 잘 한다는 거예요.

천박한 시대에 한 줄기 '노래'를…

지강유철_ 교계 내에서는 홍순관의 노래들이 너무 슬퍼 약간 부담이 된다는 사람들도 없지 않은 것 같아요. 이런 이야기를 들으면 무슨 이야기를 해 주고 싶은지 궁금해요.

홍순관_ 1960년대 초에 태어나 대학을 나올 때까지 독재정권에서 교육 받고 살았던 내가, 그런 내가 부르는 노래가 기쁘고 즐겁다면 그게 미친놈이라고 저는 생각해요. 그게 정상이 아니지요. 슬픔이 깔려 있을 수밖에 없지요. 그럼에도 현장 운동권에서는 내 노래가 너무 서정적이라 맞지 않다는 사람들이 있어요. 내 노래가 너무 말랑말랑하다는 거지요. 그것은 현재의 운동권 음악이 너무 관념화, 화석화되어 있기 때문이라고 나는 생각해요. 대학 때 심사 안 할 테니 부산 대표로 MBC 대학 가요제에 나가라는 말을 들었어요. 당연 부산에도 지역 예산이 있었죠. 기회였지만 안 나갔어요. 정부가 대학 문화를 뺏은 거라고 생각했거든. 한 번은 운동권 노래가 집약되어 있는 음반이 없다며 녹음하자는 제안을 받았어요. 사실 김민기나 한대수의 노래는 충분히 시적입니다. 내가 부른다는 게 송구할 정도로 좋은 작품이죠. 그러나 그 역시 제 노래가 아닙니다. 아마 했다면 십중팔구, 대박이 났겠죠. 〈노찾사〉 음반도 없던 80년대 초반이었으니까요. 그러나 그것도 안 했어요. 그때까지만 하더라도 조각을 계속 할 계획이었지. 나는 그때부터 지금까지, 사람의 삶이 바뀌지 않는다면 깃발을 들고, 구호를 외치고, 화염병 던진다고 개혁되지 않는다고 생각합니다. 돌을 던지며 최후의 방어수단으로 격렬하게 싸우기도 했지만 사람은 그렇게 해서 바뀌지 않습니다. 특히 보수와 진보라는 개념조차 없고, 역사가 어떻게 굴러가는지, 세계가 어떻게 돌아가는지, 자본이 어떻게 우리 삶을 피폐하게 만드는지에 대해 전혀 관심이 없는 평범하기 그지없는 일반 사람들은 운동권 노래 가지고는 설득이 어렵지요.

지강유철_ 클래식 음악계는 최근 20-30년 사이에 적지 않은 변화가 있어요. 상설 오케스트라가 아닌 자발적이고 부정기적인 오케스트라가 하나의 패러다임으로 형성된 것입니다. 특히 오자와 세이지가 이끌고 있는 사이토키넨 오케스트라나 클라우디오 아바도가 이끌었던 루체른 페스티벌 오케스트라나 말러 체임버 오케스트라, 그리고 도이체 카머필 등이 대표적이지. 수준 높은 연주도 연주지만 무엇보다 이렇게 모이면 지휘자도 단원들도 전혀 다른 자세와 전혀 다른 분위기로 연주하게 된다는 거야. 자유로운 이합집산이 자유를 만들고, 그 자유가 새로운 예술을 창조하는 거야. 연주자 이야기가 나와 하는 말인데. 주로 반주를 맡는 세션들의 처우는 어때? 가수들보다는 나은 거야?

홍순관_ 그건 더해요. 어떻게 보면 연주자와 편곡자, 그리고 코러스하는 사람들이 진짜 전문가야. 다른 건 재능으로 할 수 있지만 그 분야는 전문적이지 않으면 할 수 없는 일이거든. 그런데도 표현이 좀 과하지만 마치 부속품이나 병풍 같은 느낌을 지울 수 없는 거죠. 저를 포함해서 공연자들이 공연 예산을 줄이기 위해 연주자, 코러스에게는 매우 적은 개런티를 주거든요. 그런 면에서는 다 같은 죄인들이지. 저작권 같은 것도 작곡가, 작사가에게 치중되어 있지. 나머지 음악인들은 안중에 없었던 것이 사실이야. 이제 어떻게든 변화가 와야 해요. 그래야 함께 수준도 올라갈 수 있을 테니까.

지강유철_ 어떤 글에서 국악 대중화에 대한 우려를 표현한 적이 있던데.

홍순관_ 이건 음악인으로서 하는 이야기지만, 국악 쪽에 너무 해 주고 싶은 이야기죠. 대중음악이란 대중들이 알아줬으면 하는 음악입니다. 국악을 알아주면 좋겠다는 말 자체가 슬픈 상황인 거죠. 한글을 알아주었으면 좋겠다, 한복을 알아주었으면 좋겠다는 말과 똑같잖아. 그런데 '국악의 대중화'를 울부짖는단 말예요. 21년 전에 우리나라 가수 최초라고 할 수 있는 창작국악독집 〈민들레 날고〉를 냈는데 단 한 번도 국내 국악관현악단으로부터 초청받지 못했어요. 이유는 모르겠으나 국악을 염두에 두지 않고 활동하는 대중가요 가수들은 오히려 자주 부르더라고요. '국악의 대중화, 국악의 대중화' 그러는데 사실 대중화란 말에는 콤플렉스가 숨어 있어요. 알아주지 않으니까, 들어주지 않으니까 대중화를 부르짖지요. 심정은 이해가 가요. 그러나 국악이 끊이지 않고 그야말로 민중 속에서 흘러왔다면 어떤 음악이 되었을까에 초점을 두어야 할 거에요. 대중화에만 관심을 가지고 있다면 레퍼토리나 퀄리티에서 낭패를 볼 거예요. 나는 사각지대에서 노래를 해왔어요. 국악,

가스펠, 가요는 물론 운동권에서도 사각지대였지. 그러나 예수도 그렇게 노래했을 것이라 생각해. 당대에 사각지대에 놓여있던 여자, 어린 아이, 이방인, 죄인들을 지켰으니까. 누구도 돌보지 않고, 돌봐도 생색이 나지 않는 이들을 지켰으니까. 〈민들레 날고〉에서는 신디사이저를 안 썼어요. 엄청난 모험이었죠. 신디사이저가 없으면 베이스가 안 되니까 음악이 편하지 않아. 그렇지만 난 신디사이저를 사용하지 않았어. 국악기로만 승부를 본 거지. 근데 그걸 국악계에선 몰라줘! 국악을 알리기 위해 꽤 노력했는데. 운동권에서도 거의 비슷해요. 산전수전 다 겪은 신현정이 그랬어요. "저는 집사님처럼 강하게 말하는 사람은 못 봤어요." 이번 '세월호 참사 500일 추모합창제' 때 사회를 보며 한 이야기가 인터넷에 떠 있더라고요.

"슬퍼하는 자가 복이 있다고, 저희가 영원히 슬플 것이라고 윤동주는 노래했습니다. 우리는 이 역설을 오늘 어떻게 받아들여야 할까요? 슬픔을 당한 자는 슬퍼할 수밖에 없고, 그 슬픔을 바라보는 사람도 슬플 수밖에 없습니다. 이 시대에 슬프지 않은 사람이 있을까요? 만약 그렇다면 그건 사람이 아닐 것입니다. 이 슬픔을 함께하지 않는다면 사람이길 포기한 것이지요. 낮은 도리어 닫힌 창입니다. 멀리 있는 것이 보이지 않습니다. 저 너머의 것을 볼 수 없습니다. 밤은 도리어 열린 창입니다. 별이 보이고 끝도 없는 우주를 바라보며 다른 세상을 짐작합니다. 우리의 진실은 도리어 밝은 낮같은 요란하고 천박한 자본과 들뜬 홍보와 포장된 거짓 정치로는 찾지 못합니다. 우리의 진실은 도리어 밤 같은 외로움, 한 치 앞이 보이지 않는 고독 속에서 흘리는 눈물과, 아무도 알아주지 않는 고통 속에서 찾을 수 있을 것입니다. 밤처럼 암담하고 참담한 현실이지만 기필코 진실을 찾으려는 우리 모두의 정의와 눈물과 의지와 땀 같은 실천이 세월호를 건져낼 수 있을 것입니다. 함께 해 주십시오. 이것이 우리가 이 밤에 노래 부르는 이유입니다. 이것이 우리가 이 밤에 노래로 부르짖는 까닭입니다."

사실 이런 표현이나 말들은 시위현장에서 흔히 쓰는 말투는 아니에요. 지금 내가 부르는 노래나 같은 거라고 봐. 표현은 시적이고 서정적이나 내용은 아픈 현실을 담고 있는… 그런데 내 뒤를 이은 2부 사회자는 투사였지. 전형적인 진행이었어. 말하고 싶은 것은 운동권 용어가 익숙하지 않은 사람들은 그런 이야기가 안 들린다는 거야. 불편한 진실은 듣지 않으려는 더 많은 대중들에게 이런 민감하고 아픈 역사를 말하려면 훨씬 더 세련되고 훌륭한 문장으로 설득해야 한다고 봐. 목적은 진실을 알리는 것이니까. 물론 그렇게 선동적이지 않으면 시간이 오래 걸리기는 해요. 효과적이지 않지.(웃음) 메타포를 읽지 못하는 시대가 온 것 같아.

지강유철_ 구스타프 말러는 '내 시대는 100년 뒤에 온다'고 했고 그의 예언대로 말러는 우리 시대에 베토벤 이상으로 많이 연주되는 작곡가가 되었어.(웃음)

홍순관_ 이번에 나올 음반이 노후대책일 것이라고 집사람에게 말했어. 못 믿겠다는 듯이 웃었지! 말러 때의 100년이 지금의 10년 정도가 아닐까요? 이런 부박한 시대에도 내 노래가 들릴까?

지강유철_ 9시간이나 이야기를 나눴네요. 하지만 아우님의 가수 인생에서 가장 아팠던 2007년 부활절 연합예배, 정신대 '대지의 눈물'과 평화박물관 건립을 위한 '춤추는 평화' 공연을 100회 이상 진행하고도 그 일을 함께 했던 두 시민단체를 떠날 수밖에 없던 사연, 통일 이후 북녘 어린이들과 세계에 흩어진 동포 어린이들을 위해 열정으로 진행하고 있는 동요 이야기, 홍순관의 삶에 깊은 그늘을 만들어 준 장일순 선생을 비롯한 여러 사람들 이야기, 그리고 음악적으로 많은 노래들에 대해 한 마디도 꺼내지 못했습니다. 언젠가 다시 여기에 대해 대화를 나눌 시간이 있을까요? 그러면 좋겠습니다. 긴 시간 수고 많았습니다. 감사합니다.

낯선 땅을 고향으로 바꾸기

김기석 | 청파교회 목사

착한 노래가 착한 세상을

신라 시대 신문왕 때의 일이다. 동해에 있는 작은 산이 떠서 감은사를 향해오는데 물결을 따라 왔다갔다 하더란다. 사람들이 나가보니 산세는 거북이 머리와 같은데 위에는 한 그루 대나무가 있어서 낮에는 둘이 되고 밤에는 합하여 하나가 되었다. 일관이 왕께 이것은 매우 상서로운 조짐이라고 아뢰자, 왕은 배를 타고 바다로 나가 그 산에 들어갔다. 그러자 용이 나타나 검은 옥대玉帶를 왕께 바쳤다. 왕이 산과 대나무가 갈라지기도 하고 합쳐지기도 하니 무슨 까닭이냐고 묻자 용은 그것은 왕께서 소리로써 천하를 다스리게 될 상서로운 징조라고 말한다. 왕은 그 대나무를 베어 피리를 만들어 월성에 있는 천존고天尊庫에 간직해두었다. 그런데 그 피리를 불면 적병이 물러가고, 질병이 낫고, 가물 때는 비가 오고, 비가 올 때는 개고, 바람이

심하게 불 때는 바람이 가라앉고, 물결은 평온해졌다. 왕은 그 피리를 만파식적萬波息笛이라고 불렀다. '모든 파도를 잠잠케 하는 피리'라, 멋지지 않은가.《삼국유사》「기이편」에 나오는 이야기이다. 요즘처럼 역사에 대한 환멸이 내면에서 스멀스멀 기어 나올 때면 이런 피리 하나 있으면 좋겠다는 부질없는 꿈을 꾸기도 한다.

상반신은 여자이고 하반신은 새 모양을 한 바다 요정 세이렌은 스칼라의 바위섬들 사이에 있는 어느 벼랑 위에서 아름다운 노래가 부르곤 했다. 노래가 어찌나 아름다운지 그 노래를 듣는 이들은 다 정신이 혼미해져서 섬에 다가서려 하다가 암초에 부딪혀 다 죽고 말았다고 한다. 오디세우스는 그 노래를 듣고 싶어 부하들로 하여금 자기를 돛에 묶게 하고는 협곡을 다 빠져나갈 때까지는 자기를 풀어 주어서는 안 된다고 엄히 이른 후 부하들의 귀를 밀랍으로 막게 하고는 그 협곡을 유유히 빠져나갔다. 세이렌의 노래를 들으며. 금양모피를 구하기 위해 길을 떠나던 이아손은 키론의 충고에 따라 자기 배인 아르고호에 오르페우스를 태웠다. 세이렌의 협곡을 지날 무렵 오르페우스는 리라를 꺼내 연주하기 시작하였고, 그 소리는 세이렌의 노랫소리보다 더 아름다웠다. 심지어는 세이렌조차 그 연주를 들으려고 노래를 멈추었다. 아름다운 연주로 죽음의 노래를 물리친다는 것, 매력적인 일 아닌가.

하지만 세이렌의 노랫소리는 지금도 들려오고 있다. 물신주의와 소비주의의 나팔수들은 행복을 위해서는 더 많은 것을 소유해야 한다고 노래하고 있다. 사람들은 그 노래의 마력을 뿌리칠 힘이 없다. 경종을 울려야 할 종교조차도 그 노래에 코러스로 동참하고 있는 형편이다. 힐링 열풍이 몰아치면서 사람들은 모두 잠재적인 환자가 되었다. 예전 같으면 '이건 조금 쓴 걸' 하면서도 결국은 자기 삶으로 통합할 수 있었던 고통조차도 위로 받아야 할 상처로 치환되었다. 내면의 힘이 약한 이들은 늘 바깥에서 위안거리를 찾는다. 상대가 나의 기대대로 움직여주지 않으면 낙심하거나 적대감을 품기도 한다. 세상에 대한 원망과 패배주의적 분노에 사로잡히는 이들이 많다. 니체가 말하는 전형적인 '르상티망(ressentiment)'이다. 르상티망에 사로잡힌 이들은 진정한 주체로 서기 어렵다.

홍순관은 착한 노래가 착한 세상을 만든다는 확신을 품고 산다. 그가 말하는 착한 노래란 어떤 것일까? 듣거나 부르는 사람의 숨을 가지런하게 하고, 타자나 초월적 세계를 향해 영혼을 고양시키고, 불통의 장벽을 허물어 사람들 사이에 상호 존중과 배려의 바람이 불게 하는 노래가 아닐까? 그러나 그런 착한 노래는 말초신경을 자극하는 노래와 소리에 길들여진 사람들의 귀에까지 미치지 못했다. 가속화된 시간 속을 바장이며 걸어가는 이들은 느린 박자를 견디지 못한다. 욕망의 거리를 질주하느라 숨이 턱까지 차올랐으면서도 느림 속에 머물 여유를 만들지 못한다. 누군가에게 뒤쳐질지도 모른다는 두려움 때문이다. 교회 안에서 불리는 노래도 마찬가지이다. 상처받은 이들의 애상을 직정적으로 드러내거나, 자기 암시적 예언 류의 노래들이 주류를 이루었다. 하지만 홍순관은 고집스럽게 자기 숨을 쉰다. 그것은 어쩌면 자발적 소외의 길이었는지도 모르겠다. 그는 묵묵히 비주류의 길을 간다. 팔자라는 게 있다면 시류에 영합할 수 없는 게 그의 팔자일 것이다. 그의 노래가 지향하는 바는 앞서도 말한 것처럼 착한 세상이다.

상투어에서 벗어나기

홍순관의 노래에서 우리가 주목해 보아야 할 것은 노랫말이다. 그는 우리의 정서나 기원을 제대로 담아내기 위해서는 아름다운 우리말을 살려 써야 한다고 확신한다. 외국어를 번역해서 부르는 노래는 한국인의 정서를 담아내기에는 적절하지 않은 경우가 많기 때문이다. 인간은 언어를 통해 세상을 인식한다. 언어화 되지 않은 세계는 인식 이전의 혼돈일 뿐이다. 아담은 신이 흙으로 빚어 자기 앞에 끌고 온 동물들에게 이름을 붙여주었다. 이름을 붙여주었다는 것은 일차적으로는 외적 대상들의 차이를 알게 되었다는 뜻일 거고, 이차적으로는 어떤 형태로든 그들과의 관계가 시작되었음을 뜻한다. 물론 언어로 다 담아낼 수 없는 세계가 있다. 사람들이 은유를 사용하는 것은 그 때문이다. 성서는 은유적 언어의 보고이다. 히브리의 시인들이 하나님을 가리켜 '여호와는 나의 ~'이라고 말할 때 '~'에 들어가는 다양한 서술어들은 그들의 경험의 다양성을 보여준다. '빛, 목자, 산성, 피난처, 요새, 힘, 구원, 노래, 용사…' 은유적 언어는 여백이 많은 언어이다. 계율적인 언어는 그래서 은유를 사용하지 않는다.

"첫 음반 작업에서 마음을 쏟은 것은 사실 가락보다 노랫말이었다. 우리 언어의 아름다움과 정서, 우리의 신학적 해석이 필요했다. 한국교회에서 활동하는 가수들의 음악에서 가장 큰 문제는 천편일률적이고 획일적인 단어 사용이었기 때문이다. 더군다나 메타포는 거의 없었다. 성서의 구절을 그대로 옮겨 적어놓고 작사에 자신의 이름을 쓰는 것은 넌센스였다."〈새의

날개〉

　종교적 언어는 일쑤 상투어로 변하곤 한다. 닳고 닳은 말들, 클리셰(cliche)로 변해버린 말들은 더 이상 누군가의 가슴에 충격을 가하지도 사건을 일으키지도 못한다. 사람들은 반성조차 없이 은혜, 은사, 화해, 용서, 이웃 사랑, 축복, 구원, 속죄라는 단어를 사용한다. 그 단어를 들을 때마다 조건반사적인 반응을 보일 뿐 그 말들에 찔리지도 베이지도 않는다. 예수는 사람들이 계율화된 언어에 얽매인 채 살고 있을 때 일상적인 언어로 가장 깊은 세계를 드러내 보였다. 예수의 비유에는 어떤 종교적인 개념도 등장하지 않는다. 지극히 일상적인 언어를 통해 신적 세계를 열어 보인다. 예수는 겨자풀, 밭을 가는 일꾼, 씨를 뿌리는 농부, 밭에서 자라는 가라지, 고기 잡는 어부, 반죽을 하고 있는 여인을 등장시켜 하나님 나라에 대한 이야기를 들려준다. 땅의 현실 속에서 하늘을 보고, 스러지는 것들 속에서 영원을 보는 눈이 열렸기 때문이리라. '세상의 성사'(Sacramentum Mundi)란 이런 것일 것이다. 홍순관의 시선은 예수를 닮았다.

　아버지의 나라를 가기 위하여

나는 먼 여행을 떠날 필요가 없어
내가 사는 이 땅 위에는 하늘나라 이야기 펼쳐있네
저기 숨어 피는 들꽃으로 그 나라가 그려지네
사람들 위하여 땀 흘리는 친구의 마음으로
저 아침 바다가 불러주는 조용한 그 노래로
_〈여행〉

홍순관은 '벼 이삭 사이로 잠들러간 따사로운 햇살로/인내의 풀과 은혜의 잎과 사랑의 그 열매로' 이 땅위에서 펼쳐지는 하늘나라에 마음을 빼앗기고 있다. '벼 이삭 사이로 잠들러간 따사로운 햇살'이라니! 그는 일상의 신비가가 아닌가. 죽어서 가는 저편의 세계는 그의 관심이 아니다. '들의 꽃', '산의 나무', '강아지풀', '긴 강', '넓은 바다', '땅에 떨어진 밤송이', '천진한 어린 아이' 등 그의 스승 아닌 것이 없다. 그 모든 것들이 '저 너머'의 세상을 가리켜 보인다. 언어 너머의 세계 말이다. 여리꾼들에게 마음을 빼앗겼던 이들에게는 보늬에 감싸인 이런 시어들이 낯설게 보일 것이다. 하지만 홍순관의 언어는 예수의 언어를 닮았다. 하늘을 나는 새를 보라, 들에 핀 백합화를 보라고 했던 예수의 언어 말이다.

자유에 대한 그리움

홍순관의 노랫말에 담긴 영적 지향은 자유이다. 자유를 지향한다는 것은 그만큼 현실이 억압적이라는 말일 것이다. 굽이굽이 흐르고 흘러 마침내 바다에 이르는 물처럼 살고 싶지만 현실은 그런 바람을 가로막곤 한다. 역사란 자유의 확대 과정이라는 말이 있다. 하지만 그 확대 과정은 치열한 싸움의 연속이다. 투쟁이 없이는 자유는 획득되지 않는다. 출애굽 사건은 바로 그러한 역사의 상징이라 할 수 있다. 애굽의 전제정치 아래에서 인간다운 삶의 가능성을 박탈당한 채 강제 노역에 시달리던 사람들, 그들은 모세가 등장하기 전까지는 자기들의 삶이 그저 운명이 혹은 신이 품부해준 것이라 여기며 살았다. 지배자와 피지배자의 갈림은 신이 정한 당연한 질서라고 믿었던 것이다. 그러한 믿음은 물론 왕권과 결탁한 사제계급의 가르침 때문이었을 것이다. 피라미드로 상징되는 체제는 세속의 권력과 종교적 권력의 불의한 결합으로 유지될 수 있었다.

하나님의 꿈에 사로잡힌 자 모세는 야훼의 이름으로 그러한 체제에 균열을 냈다. 하나님은 모든 사람이 자기 삶의 주체가 되어 살아가기를 원하신다는 것이었다. 출애굽 사건을 통해 땅바닥에 바짝 엎드려 지배자들이 밟고 지나가도록 허용했던 민중들이 벌떡 일어섰다. 그들은 굴욕적이지만 안정적이기도 했던 애굽을 떠나 고통과 시련의 땅 광야로 들어갔다. 애굽에서 할당량을 채우기 위해 안간힘을 다하던 그들은 하늘에서 내리는 만나를 먹고 반석에서 나오는 생수를 마시면서 자유인으로 살아가는 훈련을 받았다.

오늘의 세계 또한 다르지 않다. 동구권 해체 이후 물신주의는 마치 점령군처럼 우리 삶을 지배하고 있다. 자본주의는 욕망의 확대재생산을 통해 유지되는 체제이다. 욕망은 철저히 자기 중심적이다. 물신주의는 사람들을 끝없는 경쟁 속으로 몰아간다. 경쟁을 내면화하고 살아가는 사람들은 주위에 있는 것들에 한눈을 팔 수 없다. 한눈을 파는 순간 경쟁자들이 자기를 앞지를지도 모른다는 공포심 때문이다. 자본주의의 나팔수들은 일등만이 살아남는다고 말한다. 경제, 정치, 종교, 교육, 문화 모두 예외가 아니다. 사람들은 지속적인 긴장 속에서 살 수밖에 없다. 그 긴장과 불안을 풀기 위해 사람들은 오락이나 술 혹은 약물에 빠져든다.

홍순관은 이러한 세상을 건너기 위해서는 가벼움이 필요하다고 노래한다. 삶이 힘겹다고 울지만 말고 작고 사소한 것들에 눈길을 주고, 침묵의 소리에 귀를 기울여 보자는 것이다. "꽃이 열리고 나무가 자라는/그 소리 그 소리/너무 작아/음~~/나는 듣지 못했네"(《소리》). 듣지 못했다고 했지만 그는 분명히 들었다. 히브리의 시인도 그렇게 노래했다. 하늘과 창공과 밤과 낮이 하는 소리는 들리지 않지만 "그 이야기 그 말소리, 비록 아무 소리가 들리지 않아도 그 소리 온 누리에 울려 퍼지고, 그 말씀 세상 끝까지 번져 간다"(시편 19:3-4). 떨어진 밤송이가 제 살던 집을 떠나면서 바보처럼 웃고 있는 것처럼, 이 세상 떠날 때 그렇게 홀가분하게 떠날 수 있지 않겠느냐는 것이다(《바람의 말》). 십자가 위의 예수도 그렇게 가벼웠다. 온 세상의 죄를 다 지고 가셨음에도 불구하고 그렇게 가벼울 수 있었던 것은 보내신 분의 뜻을 완수했다는 홀가분함 때문이었을 것이다. 이때의 가벼움은 무거움을 모르는 가벼움이 아니라 무거움을 통과한 후에 누리는 가벼움이다. 하나님에 대한 깊은 신뢰에서 오는 가져움이다. 씨와 땅이 입 맞추듯, 하늘과 땅이 입 맞추듯, 노을과 아침이 입 맞추듯 우주는 생명의 춤으로 가득하다(《푸른 춤》). 그 춤사위 속에 뛰어들면 된다.

제 삶을 살지 못할 때 삶은 무거워진다. 꽃, 나무, 아침, 저녁, 별, 해 등이 저마다 자기 숨을 쉬듯 자기 숨을 쉴 때 삶은 가벼워진다(《나는 내 숨을 쉰다》). 남이 정해준 속도대로 사느라 숨가빠하지 말고 자기 몸에 맞는 속도대로 살면 된다. "숨죽이게 하는 세상에 내 숨을 떳떳하고 고요하게 쉬는 것은 아름다운 저항이다"(《나는 내 숨을 쉰다》). 작고 사소해 보이는 일상을 충실히 그리고 마음을 담아 살아내면 그 속에서 '다른 세계'를 볼 수도 있지 않던가? 손바닥 위에 올려놓은 쌀 한 톨 속에서 바람과 천둥, 비와 햇살, 외로운 별빛과 농부의 새벽을 볼 수 있다면, 한 톨의 무게가 우주의 무게임을 알아차릴 수 있다면(《쌀 한 톨의 무게》), 세상은 장엄한 신비 그 자체이다. 그 눈이 열릴 때 삶은 가벼워진다.

"해가 뜨고 지며, 꽃이 피고 지는 순리와 아침과 저녁이 되는 순환을 은혜의 본으로 여기며 산다. 숨을 쉬고, 잠을 자고, 깨어나고, 웃고, 울고, 걷고, 뛰고, 밥을 짓고, 채소를 기르고, 사람을 만나고, 이야기를 나누고, 글을 쓰고, 책을 읽고, 노래를 부르고, 그림을 그리며 천국이 따로 없음을 맛보는 것이다"(《여행》).

"칼 라너의 표현대로 '미화하지도 않고, 꿀도 타지 않은 일상'을 거울처럼 대하며 고독한 삶을 온 몸으로 버티고 나면 또 다시 '그 너머'의 세상이 보이기 시작한다. 그것은 '제 발'로 걸었던 사람만이 아는 세상이다. 스스로 걷지 않은 사람은 '쉼'도 모르는 밋밋한 생을 살아야한다"(《깊은 인생》).

홍순관은 고독을 온 몸으로 받아들인 후에 드러나는 '그 너머'의 세상을 이미 보았다. 그런데 그 자유롭고 평화로운 세상을 사람들은 보려고 하지 않는다. 플라톤이 들려준 동굴의 비유에 나오는 수인들처럼 그들은 다른 세상 이야기에 귀를 기울이지 않는다. 실상과 가상은 그렇게 뒤집혀 있다.

낯섦을 껴안다

홍순관은 '그 너머'의 세계에만 눈길을 주지 않는다. 그 세계는 홀로 자족할 수 있는 세계가 아니라 벗들과 함께해야 하는 세계이기 때문이다. 예수가 자기를 비워 종의 몸을 입고 이 세상에 내려오셨던 것처럼 '그 너머'를 지향하는 이들은 먼저 아픔과 눈물의 땅으로 내려와야 한다. 하늘의 길은 땅의 길과 이어져 있기 때문이다.

"산 밑으로 마을로 내려가자 내 사람들이 거기에 있다./맨발로 맨발로 내려가자 내 그리스도가 또 거기에 있다"(《산 밑으로》).

산 밑에서의 삶은 '동산에 올랐던 시간을 안고' 사는 삶이다. 산 밑에서의 삶은 늘 힘겹기에 기도하지 않을 수 없다. 참담한 현실 앞에서 기도는 얼마나 무력했던가? 그렇기에 그는 기도란 '그늘 속으로 들어가는 일', '광야에서 외치는 소리', '불의에 맞서 행동하는 것'이라고 말한다. 말만 할 뿐 삶으로 연결되지 않는 기도는 공허하지 않던가. 기도祈禱는 기도企圖여야 한다. 빌고 바라는 바를 삶으로 수행하는 것이 진정한 기도라는 말이다. 예수의 삶이 바로 그것을 가르치고 있다.

"문 밖을 나서지 않고 천하를 아는 것은 예수의 스타일은 아니다. 그 분은 길을 나서며 고아와 과부를 만나 위로하고 병자를 고치고 이야기를 나누었으며 계급을 넘어 사람들을 꾸짖고 달래고 더불어 먹고 마셨다. 그 분의 나라를 스스로의 스타일로 노동하신 것이다"《〈내가 드린 기도로 아침이 오진 않는다〉》

참으로 기도하는 사람은 세상의 아픔 때문에 눈물을 흘리지 않을 수 없다. 세상의 모든 아픔을 다 아파할 수는 없지만 시절 인연으로 우리에게 유독 아프게 다가오는 일들이 있다. 그 아픔은 하나님이 주신 마음이다. 홍순관은 일본군 위안부로 살아야 했던 할머니들의 그 절통한 아픔에 깊이 사로잡혔다. '대지의 눈물'이라는 주제 아래 진행된

아흔 번의 정신대 공연 끝에 얻은 노래 〈대지의 눈물〉은 "두려워 말라. 네가 다시는 수치를 당하지 아니하리라"는 이사야서의 말씀과 만났기 때문에 비로소 만들 수 있었다.

> 음~ 바람이 불어 옛날은 갔는데도
> 기억 속에 보이는 그 분홍 저고리
> 눈물은 노래를 막아 부르지 못하여도
> 하늘의 그 손길 야윈 손잡아
> 바구니 옆에 끼고 나물 캐다
> 그만 시간을 잃어버리셨죠
> 다시 찾아 드릴께요 어머니
> 열네 살 소녀 그 어린 꿈들
> 이 땅에 흐르는 대지의 눈물이여
> 다시는 그 수치를 당하지 않으리
> 눈물은 노래를 막아 부르지 못하여도
> 하늘의 그 손길 야윈 손 잡아
> _〈대지의 눈물〉

대지의 눈물을 외면하며 하나님을 찬미할 수 있을까? 예수는 지금도 저 눈물의 땅 갈릴리, 땅끝에 선 채 위태로운 생존을 이어가고 있는 이들 곁으로 다가가고 있다. 그러나 그를 믿는다고 고백하는 교회는 그 자리를 한사코 피하고 있는 것은 아닌가? 아픔을 외면하는 교회와 신자들은 맛 잃은 소금과 다를 바 없다. 고통의 현장에 등을 돌린 채 숨어 기도만 하겠다는 것은 신앙이 아니라 "거짓이요 가식이다"(〈또 다른 숲을 시작하세요〉). 그래서 홍순관은 신자의 사명을 '기꺼이 통증의 소리를 전하는 통각기관痛覺器官'이 되는 것이라고 말한다(〈깊은 인생〉). 입 없는 이들의 입이 되어 주고, 투명인간 취급을 받는 이들의 존재를 드러내고, 현실의 어둠을 어둠으로 폭로하는 것을 외면한 채 예수의 제자가 될 수는 없다. 자기의 땅에서 유배당한 것처럼 살아가는 사람들을 품에 안지 않고는 교회가 그리스도의 몸이 될 수 없다.

마침내 평화

가인이 아벨을 들로 유인하여 죽였을 때 아벨의 피가 땅에서 하나님께 울부짖었다. 그 울부짖음이 경청되지 않는다면, 그 억울함이 신원되지 않는다면 세상의 평화는 불가능하다. 하나님은 광야를 떠돌고 있는 하갈과 이스마엘의 피울음소리를 들으시고 그를 찾아오셨다. 당신 손으로 빚은 피조물을 차마 버릴 수 없었기 때문이다. 예수는 수고하고 무거운 짐 진 자들을 부르셨고 기꺼이 그들의 품이 되어주셨다. 하나님을 믿는 사람은 홀로 자족하는 이가 아니라 타인의 고통 속으로 기꺼이 들어가는 자이다. 인생이 고통과 비애의 강이라면 그 앞에서 그저 울고만 있어서는 안 된다. 작은 징검다리라도 만들어야 한다. 고통에 대한 깊은 공감과 연민이야말로 징검돌이 아니던가. 공감과 연민은 낯선 세상을 고향처럼 바꾼다.

"낯선 땅을 그대로 내버려 둘 것인지 아니면 엄마 나라처럼 고향처럼 따뜻하게 만들 것인지가 우리에게 주어진 숙제요 장엄한 자유다"(《낯선 땅 여기는 내 고향》)

홍순관이 정신대 할머니들을 찾아다니고, 자이니치들을 위로하는 노래를 짓고, 벼랑 끝에 내몰린 사람들의 곁에 한사코 머물려고 하는 것은 바로 이 때문이다. 염천의 하늘 아래에서, 혹한의 거리에서도 그는 노래를 부른다. 윤동주의 시구대로 '등불을 밝혀 어둠 조금 몰아내고 시대처럼 올 아침을 기다리는' 심정일 것이다. 누군가의 고향이 되어 주는 것은, 즉 우리 이웃들이 자기 생명의 몫을 한껏 누리며 살 수 있도록 마당을 마련해주는 것은 믿는 "우리에게 주어진 숙제이자 장엄한 자유"이다. 그는 김준태 시인의 〈고향〉을 즐겨 인용한다. "고향에선-/눈 감고 뛰어도/자빠지거나 넘어질 땐/흙과 풀이 안아준다." 그래서 그는 교회가 이웃들의 흙과 풀이 되어야 한다고 말한다.

가르고 나누는 세상을 거슬러 산다는 것은 고단한 일이다. 잠깐의 실천으로 평화가 도래하지도 않는다. 그가 부르는 노래는 욕망의 거리를 질주하는 이들의 귀에 들리지 않는다. 광포한 현실은 착한 노래를 통해 착한 세상을 열고자 하는 그의 노력을 가볍게 무질러 버리곤 한다. 하지만 그렇다고 하여 노래를 멈출 수는 없다. 희망은 본래 아슬아슬한 법이다. 믿음은 바라는 것들을 실현하는 것이요, 눈에 보이지 않는 것들을 꿰뚫어보는 것이 아니던가? 어쩌랴, 그는 이미 이 척박한 역사의 지각을 뚫고 솟아오르는 평화의 싹을 보았으니. 아직 때가 이르지 않아 평화의 녹색 물결 일렁이지 않지만, 고되고 시린 세월 견디면서 노래를 계속한다면 마침내 장엄한 세계가 열리지 않겠는가?

"평화는 하루아침에 세상이 바뀌어 오는 것이 아니다. 삭막한 땅에서 싹이 올라오듯 아침과 계절의 신비처럼 올 것이다. 어둠이 지나야 아침이 오고 계절이 지나야 또 다른 계절이 온다.

그냥 오는 것이 아닐, 견디고 버티고 살아내야 온다는 말이다"

(〈평화는 아침에 피어난 꽃처럼 오리니〉)

함께 꾸는 꿈

홍순관의 노래를 듣는 이들은 왠지 슬퍼진다고 말한다. 세상의 고통을 함께 아파하고 있는 목소리이니 어찌 슬픔의 그림자가 드리우지 않을 수 있겠는가. 그런데 이상하다. 그의 낮고 슬픈 목소리가 우리 영혼을 고요하게 만든다. 그리고 새로운 지평을 열어 보인다. 아득한 '저 너머'의 세계를. 가히 '세상의 성사'라 할 만하지 않은가.

"모든 음악이 슬프지는 않지만, 가장 좋은 혹은 가장 감동적인 음악은 예외 없이 깊은 슬픔을 자아낸다. 그래서 우리를 너그럽게 하고, 우리의 삶을 돌아보게 한다. 그리하여 나는 나를 넘어 너에게로 가고, 우리는 우리를 넘어 그들로 다가간다. 마치 감정이 감정을 넘어 이성으로 나아가듯이, 뭔가 아득하게 멀고 더없이 넓은 지평으로 나아가는 것이다"(문광훈, 《심미주의 선언》, 김영사, 2015년 2월 4일, 326쪽).

작고 사소한 것들에 다정한 눈길을 보내고, 들리지 않는 소리를 듣고, 자연과의 접촉 속에서 하나님의 손길을 느끼고, 그렇기에 자연에 대한 깊은 외경심을 품고 있는 홍순관의 영성은 켈틱 영성과 유사하다. 단순하고 소박한 언어 속에 담긴 깊은 뜻도 마찬가지이다. 그는 비종교적인 언어를 통해 가장 깊은 비의의 세계를 열어 보인다. 착한 노래가 착한 세상을 만들 수 있다는 그의 꿈이 보다 많은 이들의 꿈이 될 때 세상은 한결 평화로워질 것이다.

김기석 목사는 감리교신학대학교와 동 대학원을 졸업하고 청파교회 전도사, 이화여자고등학교 교목, 청파교회 부목사를 거쳐 1997년부터 청파교회 담임목사로 사역하고 있다. 문학과 신학을 넘나드는 글쓰기를 통해 다양하게 저술 활동을 하고 있다. 저서로 《말씀의 빛 속을 거닐다》, 《흔들리며 걷는 길》, 《아슬아슬한 희망》, 《일상순례자》, 《오래된 새 길》, 《삶이 메시지다》, 《기자와 목사 두 바보 이야기》 외 다수의 저·역서가 있다.

슬픔으로 슬픔을 치유하다

김영봉 | 와싱톤한인교회 목사

"과연, 그답다!"

홍순관이라는 가수의 이름을 들은 것은 오래 전의 일이다. 기독교 신앙인으로서 의식 있는 노래를 만들고 부르는 '노래꾼'이라고 했다. TV에서 그의 모습을 보았을 때 반가웠다. 작은 체구에서 나오는 음성은 깊은 울림을 만들어 내었고, 그의 표정과 몸짓에서 구도자의 풍모를 보았다. 나는 마음으로 그를 응원했다. 기독교 신앙을 품은 진지한 구도자들이 예술과 문화의 각 분야에서 활동하는 모습을 간절히 보고 싶었기 때문이다.

최문자 시인에게 들은 말이 있다. "어느 문인이 기독교에 귀의했다는 이야기를 들으면, 문인들은 '그 사람의 문학은 끝났군!' 하고 말합니다." 기독교에 귀의하고 나면 문학이 목적이 아니라 전도의 수단이 되어 버리는 일이 자주 일어나다 보니 그렇게 생각한다고 한다. 도스토옙스키나

키엘케골 혹은 윤동주의 경우에서처럼, 기독교 신앙은 진리의 깊은 차원을 보게 하는 안내자여야 한다. 그런데 실제는 기독교 신앙이 문인들로 하여금 구도적 열정을 내려놓고 '다 알았다'는 헛된 확신에 빠지게 만든다. 그렇게 되면 문학은 전도의 도구로 전락한다. 이러한 현상은 문학만이 아니라 미술과 음악 그리고 영화와 다른 문화 영역에 두루 나타난다.

대형 서점에 가면 기독교 서적 코너가 따로 마련되어 있다. 기독교 관련 서적이 그만큼 많다는 뜻이다. 하지만 그것은 기독교가 그만큼 다른 영역과 분리되어 있다는 뜻이기도 하다. '격리'되어 있다는 표현이 더 옳을 듯하다. 기독교 사상이 일반 서적을 통해 소통되지 못하고 있다는 뜻이다. 음악도 마찬가지여서 대중음악과 CCM 혹은 Gospel Music이 따로 구분되어 있다. 그만큼 기독교 음악 시장이 크다는 뜻일 수 있지만, 그만큼 기독교 음악이 고립되어 있다는 뜻이기도 하다. 영화와 연극의 상황도 별로 다르지 않다. 예술성이 높았던 영화감독이 기독교 신앙에의 귀의한 후 수준 낮은 선교 영화에 몰두하는 경우를 우리는 자주 보아왔다.

이러한 문제의식을 가지고 있었기에 홍순관의 출현에 설레였다. 그는 기독교 용어를 사용하지 않고 복음을 전하는 능력을 가지고 있어 보였다. 하지만 TV 화면에서 그는 요즘 말로 '광탈'했다. 그것이 가수 자신의 선택이었는지, 아니면 방송계의 외면이었는지, 나는 모른다. 거룩하고 바른 삶을 추구하는 신앙인에게 있어서 연예계는 영적 정글과 같은 곳이라는 이야기를 들었다. 그 세계에서 살아남고 발돋움하기 위해서는 양심과 신앙을 모두 부정해야 할 때가 많다는 이야기도 들었다. 그것이 사실이라면 가수 자신이 발을 뺏을 가능성이 크다. 한 참 후에야 직접 알게 된 홍순관은 경쟁적으로 자신을 팔아야 하는 세상에는 전혀 어울리지 않는 사람이었다.

하지만 방송계의 외면도 그의 '광탈'의 한 이유였을 것이다. 빠른 비트, 감각적 가사 그리고 자극적인 몸짓을 요구하는 방송계에 가수 홍순관은 너무도 이질적이었을 것이기 때문이다. 그의 노래는 느리고 낮고 차분하다. 그의 노랫말은 말초감각을 자극하는 것이 아니라 본초감각에 닿기 위해 마음을 헤치고 나아간다. 그의 노래는 현실 문제를 망각하게 하는 환각제가 아니라 현실 문제를 더 예민하게 느끼게 만드는 각성제와 같다. 듣는 사람들을 불편하게 만든다. 시청자들이 그런 노래를 원할 리 없고, 시청률에 목을 매고 사는 방송인들이 그를 반길 리 없다.

얼마 후, 잠잠하던 가수 홍순관이 계속 노래를 만들고

공연을 한다는 이야기를 들었다. 정신대 할머니들을 돕기 위한 '대지의 눈물'과 평화박물관 건립 모금공연 '춤추는 평화' 콘서트를 이어가고 있으며, '돈 안되는' 공연을 계속하고 있다는 소식이었다. "과연, 그답다!"는 생각을 했다. 그것은 고행이요 수도였을 터였다. 자신의 살을 저며 내고 피를 말리는 작업이었을 터였다. 그는 십자가의 길을 걷듯 그 일을 지속했다. 대단한 확신과 고집이 없이는 할 수 없는 일이었다. 고등학교 시절부터 윤동주의 〈십자가〉를 마음에 품고 살았기에 가능한 일이었다.

"비교적, 하는 일을 감추고 이름 내기를 삼가고 묵묵히 일 할 수 있었던 것은 이 시 덕분이다."

"하나님의 은혜가 이렇게 슬픈 거구나!"

그렇게 멀리서만 알았던 가수 홍순관을 몇 년 전에 만났다. 미국 순회공연 중에 내가 섬기는 교회에 초청하는 영예를 얻었다. 수요일 저녁에 '춤추는 평화' 공연을 했고, 주일 찬양 예배에서는 찬양을 불렀다. 그의 공연과 찬양을 들으면서 나는 진한 '슬픔'을 느꼈다. 그의 '출세곡' 〈은혜의 강가로〉를 부르는데 마음 깊은 곳에서 뜨거운 것이 치

밀어 올랐다. 노래 중간에 "아~아아아아"로 이어지는 대목에 이르러서는 눈시울이 뜨거워졌다. "하나님의 은혜가 이렇게 슬픈 거구나!"라고 생각했다. 그 슬픔은 그가 부르는 모든 노래의 기저에 깔려 있었다. 〈천국의 자유가 춤추네〉를 듣는 동안, 내게 그려지는 춤사위는 기쁨의 춤이 아니라 자식 잃은 아낙네의 몸부림이었다.

그를 만난 후, 홍순관을 생각하면 '슬픔'이 가장 먼저 떠오른다. 기억해 보니, 그의 표정도 슬프고, 그의 체구도 슬프다. 작은 몸집을 잔뜩 웅크리고 밥을 먹고 노래를 한다. 검은 테 안경에 긴 머리칼로 얼굴의 반은 덮여 있는데, 머리칼 사이로 보이는 눈빛이 또한 슬프다. 과연, 저 슬픔의 정체는 무엇일까?

노랫말에 붙여진 그의 묵상 글을 통해 그 정체를 보았다. 그는 현실의 부조리와 불의와 부패와 폭력을 두 눈 부릅뜨고 지켜보면서도 하나님 나라를 꿈꾼다. 윤동주가 노래한 대로, "닿을 수 없는 십자가 첨탑"에 닿아 보려고 기를 쓴다. 다들 "그것이 불가능하다"고, "웬만큼 하라"고 권하지만 듣지 않는다. 그는 이미 하나님 나라를 보았기 때문이다. 그는 이미 예수를 만났기 때문이다. 그는 이 땅에 하나님 나라가 춤추고 있는 것을 보았기 때문이다. 그렇기 때문에 포기할 수 없다. 하지만 세상은 너무도 완고하게 하나님 나라를 부정하고 있고, 사람들은 너무도 견고하게 물질에 사로잡혀 있다. 그렇기에 홍순관은 "우리가 너희를 향하여 피리를 불어도 너희가 춤추지 않고 우리가 슬피 울어도 너희가 가슴을 치지 아니하였다"(마태복음 11:17)고 말씀하신 주님의 심정으로 노래하고 있는 것이다.

그는 슬픔을 자신의 '무기'로 삼기로 작심한 것 같다. 한경수 곡 〈산 밑으로〉에 붙인 묵상 글에서 그는 이렇게 말한다.

"아래 위 두 줄이 노래다. 그 가운데의 글은 모두 나레이션이다. 뒤에서 들리는 첼로의 선율은 절로 산 밑의 사람들을 그려 준다. 그만큼 애잔하여 연주할 때마다 감정이 오르는 곡이다. 한경수의 재주다. 그의 타고난 감성은 슬픔으로 섬세하다. 슬픔보다 더한 설득력은 없다. 슬픔보다 아름다운 것은 없다. 〈산 밑으로〉는 정을 떼는 슬픔이 아니요, 있던 것을 떠나 저 아래 땅에 사는 사람들을 다시 만나러 가는 학생의 발걸음이다."

유유상종이라 하지 않던가! 그가 부른 노래들의 절반 이상이 한경수가 작곡한 것이다. 두 사람이 서로 통하는 이유는 슬픔의 정서 때문이 아닐까! 홍순관은 여기서 한경수에 대해 말하면서 실은 자기 자신에 대해 말하고 있는 것이다. 그는 슬픔을 통해 청중에게 다가간다. 그 슬픔은 현실도피적인 것도 아니고 소녀적 감상도 아니다. 하나님 나라와 이 땅의 나라가 너무도 멀다는 사실로 인해 생긴 슬픔이며, 그러기에 더욱 깊이 현실로 들어가게 만드는 슬픔이다. 그래서 〈산 밑으로〉에서 홍순관은 이렇게 노래한다.

산 밑으로 마을로 내려가자 내 사람들이 또 거기에 있다.
맨 발로 맨 발로 내려가자 내 그리스도가 또 거기에 있다.
이제 나는 산 밑에서 살겠습니다.
동산에 올랐던 시간을 안고 산 밑에서 살겠습니다.
거기 남겨둔 이야기와 눈물을 가끔씩 꺼내 보며.

그는 오늘도 "어~어어어어어" 통곡하고 있다
한 때 화가를 꿈꾸었던 사람이 노래꾼으로 살고 있다. 그는 또한 시인이며 묵상가이기도 하다. 그는 온 몸으로 하나님을 사랑하는 사람이며, 예수를 따르는 사람이다. 그는 기도의 신비를 체험으로 꿰뚫어 하는 사람이다. 그렇기에 그는 〈내가 드린 기도로 아침이 오진 않는다〉는 노랫말에 붙인 묵상에서 이렇게 말한다.

"기도는 무엇이든 이루어지지 않고, 또한 어떤 것이든 응답을

나는 내 숨을 쉰다 254

받는다."

기도는 영적인 세계 안으로 들어가 영적인 신비를 맛보는 과정이다. 그렇기에 인간의 경험적 언어가 그 신비를 담아낼 수 없다. 그 신비는 우리의 경험을 넘어서는 것이기에 언어를 깨뜨려야만 그 신비를 전할 수 있다. 홍순관은 기도와 묵상과 침묵을 통해 그 신비를 보았다. 그렇기에 이와 같은 모순어법으로 그 신비를 담아냈다. 그 신비의 단편이라도 경험해 보지 않은 사람은 위의 인용문이 말장난처럼 들릴 것이다. 하지만 이 한 문장은 기도의 본질을 담아낸 명문으로 기억될만하다.

그의 노랫말에는 하나님 나라가 보인다. 노랫말에 자주 사용된 단어들을 나열해 놓으면 천국이 드러난다. 평화, 자유, 침묵, 춤, 바람, 흙, 숨, 꽃, 아이들, 산 그리고 나무.

C. S. 루이스가 "이 땅의 모든 것은 성례전적이다"라고 말한 적이 있다. '성례전적이다'라는 말은 보이지 않는 하나님 나라를 보여준다는 뜻이다. 홍순관의 노랫말에 자주 등장하는 단어와 사물들은 하나님 나라의 상징이다. 그에게 있어서 하나님 나라는 먼 곳에 있지 않다. 일상 안에, 작고 초라한 것 안에, 그리고 사소한 것들 안에 있다. 그래서 그는 일상을 귀하게 여기고, "작게, 낮게, 느리게 사는 생

명들"에게 관심을 둔다. 그래서 〈여행〉에 붙인 묵상 글의 마지막에서 이렇게 말한다.

"아, 그러고 보니 그리운 하늘나라 이야기가 이 세상에 그득하다."

홍순관은 이렇게 몸을 웅크리고 눈을 낮추고 작고 사소한 것들을 관조적인 눈으로 바라보면서 생명을 불어 넣는다. 그래서 그를 시인이라고 부르기에 손색이 없다. 다 익어 떨어진 밤송이를 보고 "삐죽 웃고 있다"고 말하고, 나뭇잎 하나가 떨어지는 것을 보고 "무거워서 떨어진 것이 아니라 가벼워 떨어진 것이다"라고 말한다. 그러면서 그는 그의 님을 생각한다. "물과 피를 다 흘린 예수는 나무 위에서 바람처럼 가볍다." 그의 묵상과 관조와 통찰의 깊이가 글을 읽는 동안 곳곳에서 드러난다.

그런데 그의 묵상은 한가한 사변으로 끝나지 않는다. 그는 일상의 작은 것에서 발견한 묵상의 씨앗을 현실의 문제와 연결시킨다. '미제' 찬양이 지배하고 있는 교회 문화를 걱정하고, 가난하고 눌린 이들의 아픔을 염려하며, 정신대 할머니들처럼 수탈당한 민초의 삶을 이야기한다. 경제 논리에 의해 압살당하고 있는 국가 현실을 염려하고, 남북

분단을 한탄한다. 그 모든 것이 믿음의 문제요, 영성의 문제임을 꿰뚫어 보고 있기 때문이다. 그에게는 무시해도 될 정도로 작은 문제도 없고 너무 커서 외면할 문제도 없다. 구상 시인이 사과 한 알에 우주가 담겨 있다고 꿰뚫어 보았듯이, 홍순관은 쌀 한 톨에 우주가 담겨 있음을 본다.

> 쌀 한 톨의 무게는 얼마나 될까
> 내 손바닥 위에 올려놓고 무게를 잰다
> 바람과 천둥과 비와 햇살과
> 외로운 별 빛도 그 안에 스몄네
> 농부의 새벽도 그 안에 숨었네
> 나락 한 알 속에 우주가 들었네
> 버려진 쌀 한 톨 우주의 무게를
> 쌀 한 톨의 무게를 재어본다
> 세상의 노래가 그 안에 울리네

바로 이것이 그의 슬픔의 정체다. 쌀 한 톨에서 우주의 무게를 보는 사람의 슬픔이다. 작은 생명의 고통을 보면서 온 우주의 신음을 보는 슬픔이며, 어린 소녀의 눈물에서 인류의 고난을 보는 슬픔이다. 한 사람의 불의에서 온 세상의 죄악을 보는 슬픔이며, 아침 뉴스에서 인류 역사를 보는 슬픔이다. 온 우주에 가득한 하나님의 흥겨운 춤에 눈 감고 죽음의 광란에 도취해 있는 인류를 보는 슬픔이다. 그 슬픔이 오늘도 그를 흔들어 깨워 기타를 치고 노래하게 한다. 슬픔만이 슬픔을 치유할 수 있으므로! 눈 먼 인류의 슬픔을 보고 슬픔으로 노래하며 그 슬픔을 치유하자고, 그는 오늘도 "어~어어어어어" 통곡하고 있다.

김영봉 목사는 감리교신학대학교 동 대학원을 졸업하고 캐나다 맥매스터 대학교에서 신약 성서와 기독교 기원에 관한 연구로 철학박사 학위를 받았다. 현재 미국 버지니아 소재 와싱톤한인교회에서 영성 목회를 통해 예수 그리스도의 제자를 키우고 진정한 신앙 공동체를 세우는 일에 마음을 두고 목회하고 있다. 저서로 《숨어 계신 하나님》, 《사귐의 기도》, 《바늘귀를 통과한 부자》, 《다빈치 코드는 없다》, 《가상칠언 묵상》, 《가장 위험한 기도 주기도》 등이 있다.

노래로 나타나신 하나님

백소영 | 이화여자대학교 교수

스스로 그러함, 자연(自然)을 닮은 노래

 동서고금 천재적 재능으로 아름다운 노래를 지어내고 천상의 목소리로 황홀한 노래를 부르고 진심 몰입하여 노래를 감상하는, 그 모든 '노래애호가들'에게 돌을 맞을 소리지만, 나는 노래가 '싫다.' 이런, 음치시군요? 아니다. 한때 성악가가 꿈이셨던 어머니의 재능을 물려받은 덕분에 학창 시절에는 음악 선생님께서 전공을 권하기도 하셨다. 그럼 메마른 성격의 사람이구나! 그건 잘 모르겠다. 이성적인 상태를 좋아하기는 하지만, 내가 그렇게 딱딱하고 냉정하다는 생각은 해보지 못했다. 성령을 못 받아서 그래, 다윗을 봐! 기뻐 찬양할 마음이 안 드나? 글쎄, 나도 나름 성령을 알고 받은 신앙의 사람이다. 다만 내게 성령은 늘 비둘기 같이 임하셔서 포근하게 나를 감싸며 스며드신다. 하여, 사운드 빵빵한 찬양집회장 보다는 큰 나무를 한가득

팔로 감싸 안고 있을 때 오히려, 나는 성령을 가장 가까이 느낀다.

그냥 '기호'다. 아무리 아름다워도, 난 그냥 그 모든 '인위적인 소리'가 내키지 않을 뿐이다. 하여 잘 부른 노래와 못 부른 노래의 차이, 클래식과 대중가요 그리고 복음성가는 적어도 '소리'의 측면에서는 내게 큰 차이로 다가오지 않는다. 그냥 나는 아무 소리가 안 나는 상태가 제일 행복하다. 혹 소리가 들린다면 자연의 소리는 '괜찮다.' 물소리, 새소리, 바람에 나뭇잎이 흔들리는 소리, 처마 밑에서 고드름이 녹아내리며 내는 세미한 소리….

그래서 걱정이 컸다. 홍순관의 노래를 들으며 신학적 단상을 풀어내어놓으라는 '과제'를 받았기 때문이다. 노래를 사랑하고 즐기는 사람이 할 일이라고, 아니 적어도 노래를 분석할 비평적 전문지식을 가진 이가 시도해볼 일이라고 손사래를 치다가 결국 나는 난생 처음 그의 노래를 들었다. 그런데, 다행이다. 적어도 그의 선율은 내가 아는 한 가장 자연을 닮아있어서, 아주 특수한 기호를 가진 나로서는, '그래서' 참 다행이었다. 늘 텍스트를 읽고 분석하는 직업을 가진 사람이다 보니 역시 음률보다는 가사가 더 귀에 꽂혔다. 나, 너, 우리…. 그의 노래를 들으며 초등학교 입학하고 가장 첫 시간에 배웠던 세 단어가 떠올랐다. 비록 '노래문외한'이지만 내가 이해하는 한 그의 노래는 이 세 단어에 대해 말하는 매우 '자연스러운' 음율시$_{詩}$다.

나, 제 숨을 쉬며 삶으로 '산제사'를 드리는 존재

들의 꽃이
산의 나무가 가르쳐줬어요.
그 흔한 꽃이 산의 나무가
가르쳐줬어요.
나처럼 사는 건 나밖에 없다고
강아지풀도 흔들리고 있어요.
바람에 음~
저 긴 강이
넓은 바다가 가르쳐 줬어요.
세월의 강이 침묵의 바다가
가르쳐 줬어요.
나처럼 사는 건 나밖에 없다고
강아지풀도 흔들리고 있어요.
바람에 음~

홍순관은 피조물로서의 생명이 '나'로서 살아간다는 것이 무엇인지를 아는 노래꾼이다. 지음 받은 생명체가 '제 숨'을 쉬며 산다는 것은 무엇인가? 그는 '제 숨'을 "진지한 삶과 성실한 일상에서 우러나오는 '산제사' 같은 것"이라고 말한다. 맞다. 우리가 숨을 쉬는 것은 생명으로 드리는 제사다. 들숨을 쉬며 하나님과 이웃, 즉 '너(들)의 숨'을 들이마시고, 내 생명 존재 안에서 만난 '너(들)'(하나님도 나에겐 타자다. 절대타자)의 낯섦과 대면하며 부딪히며, 인간은 '나의 영성'을 길러낸다.

들의 꽃과 산의 나무, 바람에 흔들리는 강아지풀과 저 긴 강, 넓은 바다가 내쉬는 '제 숨'은 늘 한결같다. 적어도 그들에게는 '선택'이라는 자유의지가 없는 까닭에 태곳적부터 쉬었던 '제 숨'을 성실하고 꾸준하게 내어 쉴 수 있는 존재들이다. 그러나 인간은 다르다. '너의 숨'을 외면할 선택도, 세상을 온통 '나의 숨'으로 채워 지배하고픈 욕망도 가질 수 있을 만큼의 자유를 부여받은 생명존재다. 다른 피조물을 '다스리는'(히브리어로 '라다radah') 사명을 하나님으로부터 부여받고 무려 '하나님의 형상'으로 지음 받은 유일한 피조물이기 때문이다. '하나님의 마음으로 피조물을 다스리라' 하신 것이니, 하나님께서 부탁하신 그 다스림은 군림하라는 말도 아니고 억압하고 짓밟으며 '너(들)의 숨'

을 빼앗는 다스림일 리가 없다. 만물이 제 숨을 쉬며 살도록, 지음 받은 그 모습대로 살며 존재 안에서 하나님을 받고 '제 숨'으로 하나님을 드러내도록 이끌고 보듬고 보살피고 지키는 다스림임에 틀림없다. 그걸 해내는 것이 인간의 '제 숨'이다. 때문에 사는 동안 이 공간과 시간을 '나의 숨'으로만 채우려는 자기 확장에의 욕망을 선택하지 않고, 결국에는 내 안에서 나와 너, 우리를 살리는 '살림의 영성'을 길러내고 그 날숨을 신선하게, 생기 있게, 밝고 맑게 밖으로 내어놓을 수 있다면, 그것이 인간으로서 성공한 삶이다. 행복한 삶이다, 가치 있는 삶이다.

아, 들숨을 쉴 때 온통 하나님의 숨만 들이마실 수 있다면 얼마나 좋을까? 필시 그곳이 에덴동산이겠지? 그럴 수만 있다면 세상 살아가는 일은 늘 행복할 것이고 따라서 아주 만만할 텐데. 아니, 아니구나! 그 에덴에서조차 뱀은 인간에게서 '제 숨'을 빼앗으려고 탁한 호흡으로 다가왔었구나. 어쩌면 될 수 있는 한 사람 많은 곳을 피하여 자꾸 산으로, 강으로 혼자 달아나는 나의 '습관'은, 내 영성의 부족함 때문인 것 같다. 그곳에 가면 온통 제 숨을 성실하게 쉬고 매일 매일 한결 같이 생명의 날숨을 밖으로 토해놓는 존재들이 가득하니까. 필터링이 좋아 '살림의 숨'만을 골라서 들이마실 수 있는 것도 아니고, 공기청정기마냥 탁한 날숨을 들이마시고 그걸 생명의 날숨으로 내어놓는 '살림의 영성' 또한 아직 부족하여서, 어쩌면 난 자꾸 단순하고 성실하게, 운명적으로, '제 숨'을 쉬는 존재들인 자연 가운데로 숨으려 하는 건지도 모르겠다. 노래꾼 홍순관이 노래하듯 자연에는 제 숨을 쉬는 신통한 존재들, 강아지풀, 나무, 꽃, 바람, 강과 산이 있으니까. 나에게 뭘 내어놓으라고 재촉하지도 않고, 내 경계 안으로 무례하게 침입해 들어오지도 않고, 그냥 스스로의 모습대로 조용히 제 생명을 지키면서도 낯선 '너'인 내 모습 또한 그대로 받아주는 넉넉한 자연이니까. 피조물의 겸허한 자세를 가진 채 온 존재로 하나님을 드러내는 신통한(신과 통하는) 자연이니까.

너, 너의 숨을 쉬며 '우리'로 살자고 나를 부르는 타자

어쩌면 자연은 상처 입고 분을 내고 속을 끓이는 내가(그리고 수많은 인간들이) 밖으로 내어놓는 탁한 숨을 들이마신 까닭에, 정작 자신은 생명 내부의 몸살을 앓아야 하는 지도 모른다. 보통 자연으로 내달아 도망치는 날은 내가 사람들을 만나며 들이마신 존재의 '탁한' 들숨이 너무 버거운 날들이었으니…. 나는 치유 받고, 다시 살 힘을 얻고, 다시 생기 있게 내 일상으로 돌아오지만, 내가 토해놓은 탁한 날숨으로 인해 자연은 얼마나 고통스러웠을까? 묵묵히 그걸 들이마시고 살리는 날숨으로 내어놓는 그들의 '산제사'가 거룩하고 또한 고맙다.

아마도 그래서일 거다. 아이들을 만나는 것이 즐거운 까닭은…. 사람들 중에서는 역시 아이들이 가장 생기 있고 정직한 제 숨을 쉰다. 남을 조정하려고 들지 않고, 돌처럼 굳어버린 자기만의 생각을 주입시키려 강권하지도 않고, 무엇보다 복잡하고 어렵고 화려한 언어들로 자기 자랑을 하지 않는 존재들, 있는 그대로 보고 본 그대로 말하는 아이들. 하여 이런 '너'와 가까이 있으면 '나'도 즐겁다. 아이들을 통해 대면하는 하나님이 선명하고, 이 아이들이 내어 쉬는 날숨을 통해 깨닫는 우주적 진리가 깊다. 그래서 '아이는 어른의 스승'이다. 노래꾼 홍순관도 그걸 보았다.

디디담담 디디담담~/저 새들 좀 봐/자유로이 하나님도 볼 수 있겠네./저 흐르는 강을 봐/너무 깊어 하나님도 건널 수 없겠네./저 나무를 봐/빛깔 고운 과일을 태어나게 하네./저 아이 좀 봐/이 세상을 넘어 가네./꽃과 말하며 신神과 말하며 생명을 말하며/쉬운 말 툭툭 던지며 쉽게도 넘어 가네/어지런 세상 참 쉽게도 넘어 가네/디디담담 디디담담~

노래꾼의 두 아이 '다빈'이와 '다솔'이, 지인인 한희철 목사님의 딸 '소리'가 하는 말을 들으며 지었다는 노래 〈저 아이 좀 봐〉의 노랫말이다. 아이들이 세상에 내어 쉬는 날숨을 느끼며 노래꾼 홍순관은 이렇게 말한다. "아둔한 세상에 급했나보다. 하늘의 언어들이 꽃잎처럼 나린다. 주워 담기도 벅차다." "쉬우니 통한다. 누굴 속이려면 꾀를 부리게 되고, 편법便法을 쓰려니 복잡해지지만, 보았던 그대로 말하고 느낀 대로 말하니 모든 사물과 자연이 통한다." 우리 인간들도 '신통神通'해야 맑고 밝고 쉽고 생기 있게 제 숨을 쉴 수 있다.

한희철 목사님과 노래꾼 홍순관은 탐욕스런 자본주의적 욕망과 치열한 경쟁이 가득한 공간인 도시적 삶으로부터 심정적으로도 거리적으로도 멀리 떨어져 사는 사람들이다. 그래서 자본이 '주의'가 된 세상의 기준으로 보면 '가난한' 아빠들이다. 돈이 될 일거리가 많지 않지만, 덕분에 아이들과 눈을 맞추며 아이들이 한없이 쏟아내는 천상의 언어를 주워 담을 시간과 시선을 향유하는 여유를 가진 '부유한' 아빠들이다. 아, 가난한 아빠들은 '복이 있나니' 저들이 아이들의 소리를 통해 나타나신 하나님을 보고 듣고 만나고 노래할 것이요~.

그러나 노래꾼 홍순관도 안다. '나'는 언제나 맑고 밝고 생기 있게 '제 숨'을 쉬는 '너(들)'만을 만나며 살 수는 없다는 걸. 죽음과 죽임이 가득한 시스템일수록, 제 숨을 쉬고 싶어도 쉴 수 없는 수많은 생명 존재들을 직면하게 된다는 걸. 하여 결국은 살 수가 없어 숨을 헐떡이는 '너'와 부딪히고 '너의 고통'을 내 안으로 들이마실 수밖에 없다는 걸. 자연으로, 아이들 속으로, 하나님과의 교제 속으로만 '도망치면서' 살 수는 없다는 걸. "아흔 번의 '정신대(위안부) 공연'을 마친 후"에야 비로소 지어낼 수 있었다는 노래 〈대지의 눈물〉은 노래꾼 홍순관이 만난 가슴 아픈 '너들'이 토해낸 날숨을 들이마시며 했던 "쓰라린 공부가 어느 정도 익어있던 시간"에, 그의 제 소리로 툭, 세상에 나왔다.

> 음~ 바람이 불어 옛날은 갔는데도/기억 속에 보이는 그 분홍 저고리/눈물은 노래를 막아 부르지 못하여도/하늘의 그 손길 야윈 손잡아/바구니 옆에 끼고 나물 캐다/그만 시간을 잃어버리셨죠./다시 찾아 드릴게요. 어머니/열네 살 소녀 그 어린 꿈들/이 땅에 흐르는 대지의 눈물이여/다시는 그 수치를 당하지 않으리./눈물은 노래를 막아 부르지 못하여도/하늘의 그 손길 야윈 손잡아

이 노래를 듣다가 엉뚱한 길로 접어들었다. 바쁜 일상에

동동거리며 뛰어다니다 보니 호젓하게 그의 음악을 감상할 시간과 공간을 가질 수 없었던 나는, 지방에 2박 3일 특강을 내려가는 길을 D-Day로 삼았다. 차 안 한 가득을 홍순관의 노래로 채우고 운전을 하던 중이었다. '대한민국에서 가장 상냥한 여자'라는 네비게이션의 그림 안내에도 주의를 기울일 필요 없이 그냥 1번 고속도로를 따라 남쪽으로 세 시간 정도 쭉 내려가기만 하면 되는 단순한 길이었다. 하여 모처럼 노랫말과 반주, 노래꾼의 음성이 어우러지며 만드는 분위기에 집중하고 있었는데, 갑자기 '네비녀'의 화살표가 오른쪽 출구로 나가라고 손짓을 했다. 노랫말도, 노래꾼의 목소리도, 반주도 다 '처연하여' 넋을 놓고 있다가 엉겁결에 지시를 따라 '생각 없이' 고속도로 밖으로 나갔다. 덕분에 시골길을 2시간이나 헤매였고 결국은 호박넝쿨 우거진 초가삼간 앞 막다른 골목에 닿아버렸다. 차를 돌릴 공간도 없는 비좁은 시골 길, 빠르고 급한 길이 끝나버린 그곳에 '이끌려'와서야 비로소 주변을 둘러보니 쨍쨍한 햇살 가운데 무르익고 있는 벼들이 한 가득 펼쳐져 있다. 기적처럼 산도 있고 시내도 있다. 필시 오랫동안 업데이트를 못해 생긴 기계오작동임에 틀림없을 텐데도(나의 이성은 그렇게 분석하고 있는 데도), 나는 이 상황을 "여호와의 인도하심"이라고 고백하고 싶었다. 하여, 모처럼 하얀 주차

선이 없는 시골길에 차를 멈추고 뽀송한 흙이 가득한 땅을 밟았다. 특강은 어차피 다음날 아침 일이고, 저녁에 도착하여 숙소에서 밀린 일을 하려던 계획이었으니 서너 시간 여기서 멈춘들 낭패날 일은 아니었다. 그늘을 찾아들어 다시없을 시간과 공간 속에서 〈대지의 눈물〉을 듣고 또 들었다.

100회에 가까운 공연 동안 위안부 할머니들의 피울음을 들이마셨던 노래꾼 홍순관은 아주 오랜 시간동안 단 한 줄의 가사도, 단 한 음절의 노래도 밖으로 내어 놓기 힘들었다 한다. 그랬을 거다. 생명을 가진 모든 존재가 그러하지만, 존재의 민감성이 남다른 예술가들은 더욱 그럴 일이다. 저 노래를 불러 '내기'까지, 노래꾼은 얼마나 아팠을까? 얼마나 오래토록 무릎 꿇고 기도했을까? 논둑을 따라 수줍게 피어난 들풀들이 보인다. 필시 열 서너 살의 수줍은 소녀였을 할머니들은 지금 이 길처럼 평화로운 논둑을 깔깔깔 밝은 웃음을 토해내며 내달렸겠지. 순간순간 걸음을 멈추게 하는 이름 모를 들풀들과 존재의 눈맞춤을 하고, '아! 저기 저 나물은 한 가득 캐서 어머니께 저녁 반찬 만들어 달래야지~' 보물을 발견한 기쁨으로 논두렁 한 귀퉁이에 쪼그리고 앉아 생기 있게 나물을 캤을 그녀들이 환영처럼 눈앞에 펼쳐진다. 내 눈에도 소리 없는 눈물이 흐른다. 하늘은 맑고 논은 푸르고 내 마음은 먹먹하다. 그리고 아주 고통스럽게, 오래전 시간을 빼앗긴 소녀들의 한 서린 날숨이, 그 숨을 아프게 들이마시고 다시 위로의 날숨으로 토해낸 노래꾼의 노래가, 내 안으로 '낯설게' 들어와 내 마음을, 내 영혼을 깊이 그리고 아프게 헤집는다.

우리가 함께 추는 '천국의 춤'

무언가에 홀린 듯 끌려와 노래를 매개로 만난 생명의 숨들을 느끼며 앉아있자니, 모처럼 '우리'가 되어 추는 둥근 춤, '페리코레시스(perichoresis)'를 경험했다. 나는 나이지 지금 내게 그늘을 허락한 저 밤나무일 수 없고, 호박넝쿨은 호박넝쿨이지 저 벼이삭일 리 없다. 그러나 적어도 이 시간 이 공간을 함께 나누며 바로 옆에서 존재의 숨을 쉬고 있는 동안 '우리'는 함께 춤을 추듯 하나가 된다. 페리코레시스, '상호침투적 관계성'을 뜻하는 이 단어는 다마스커스의 요한, 나치안스의 그레고리, 현대신학자 몰트만 등이 삼위일체이신 하나님의 관계성을 설명하느라 사용한 헬라어 용어다. 성부와 성자, 성령의 어느 한쪽이 지배적이거나 종속관계에 있지 않지만 서로 안에 '내주'하는 방식으로 관계적으로 스며들어, 마치 원무를 추듯 '순환'하며 사귐의 일체를 이루는 상태를 의미한다. 특히 몰트만은 이 페리코레시스적 사귐의 일체가 비단 하나님의 삼위일체적 관계성 안에서만 일어나는 것이 아니라 했다. 하나님과 창조된 피조물 사이에서도, 그리고 들숨과 날숨으로 서로의 존재를 나누는 생명체들 사이에도 내주와 순환의 원무는 역동적 관계성을 지어내며 '하나된 우리'를 만든다고 했다. 노래꾼 홍순관이 이 개념을 알고 있는지는 모르겠지만 그의 〈천국의 춤〉은 바로 이 신비한 관계성을 노래하고 있음에 틀림없다.

천국의 자유가 춤추네 천국의 자유가 춤추네/태양과 바람을 이 땅에 나리신/천국의 자유가 춤추네 천국의 자유가 춤추네/하늘을 날으는 새들이 새들이/들판을 달리는 소년의 그 얼굴이/마치 무용수처럼 춤추네 정말 무용수처럼 춤추네 음~/…벌판서 잘 익어가는 쌀들이 콩들이/땀 흘려 일하는 농부의 그 얼굴이/팔 벌려 손잡은 사람의 만남이/하늘의 노래를 부르는 그 얼굴이/저 강물처럼 춤추네 저 바람처럼 춤추네 음~/천국의 자유가 춤추네 천국의 자유가 춤추네/라이라이~ 바람처럼 춤추네 라이라이~ 자유가 춤추네 새, 바람, 강물, 들판을 달리는 소년, 땀 흘리는 농부, 쌀들, 콩들이 함께 추는 춤, 그 안에 천국의 자유가 있다. 칼 라너를 읽고 김교신을 묵상하는 이 노래꾼은 신학자를 부끄럽게 만들며 존재들이 추는 춤 안에서 하나님의 뜻을 이렇게 말한다.

'함께' '더불어' 산다는 것은, 각자 생각하는 인생을 누리며 사는 것을 말한다. 사실 그것은 스스로의 삶이 탄탄하게 섰을 때 가능하다. 씨앗도 싱싱하고 땅도 건강해야 생명은 자란다. 시詩도 신랄하고 정치도 꿋꿋해야 한다. 결국은 '제 숨'이다. 제 숨을 잘 쉬면서 사는 것이 평등이요, 저마다 가진 숨으로 사는 것이 평화다. 남의 숨을 빼앗는 자들은 결국 제 숨도 잘 쉬지 못하게 된다. 인류가 만든 '문명의 숨'은 결국 환경을 망가뜨렸고 기근을 만들어 지구전체가 제대로 숨을 쉴 수 없게 만들었다. 지금이라도 지구촌은 숨을 가다듬어야 마땅하다.

'과로사' 아니면 '아사'의 두 가지 선택지밖에 없다는 오늘의 인간 사회 한복판에서, 죽음과 죽임이 일상이 되어버린 이 '생명 없는' 구조 안에서, 산 신앙인이요 어느덧 신학자가 된 노래꾼은 30년이 다 되도록 들어주는 이 없는 노래를 꿋꿋하게, 씩씩하게, 제 소리로, 부르며 자신이 만난 하나님을 드러낸다. 자신의 날숨을 내어 쉬며 하나님께서 알려주신 생명의 법칙을 노래한다. 노래꾼이라 노래로 들려주었지만, 결국 생명의 법칙은 하나로 통한다. 생명을 지어내신 이가 하나이신데, 제대로 하나님을 만났다면, 야훼의 영을 제대로 들이마신 이라면, 결국 우리는 하나이신 하나님을, 하나로 통하는 하나님의 생명 법칙을 드러낼 수밖에 없을 일이다. 하여 하나님을 '아는' 노래꾼 홍승관은 말한다. 우선은 모두 제 숨을 쉬는 개체로, 인격으로, 독립체로 건강하고 싱싱하게 서자고. 그리 못하게 만들고 자꾸 힘 있는 자 앞에 '꿇어' 죽은 듯 살게 만드는 세상에는 대들자고. 산다는 건 이렇게 제 숨을 쉬는 것이라는 걸 보여주자고. 하지만 혼자서는 약하니, 혼자서는 기운 빠지니, 혼자서는 공동체의 사는 방식을 바꿀 수 없으니, 함께 존재를 나누며 춤추듯 '우리'로 함께 하며 이 자유를 노래하자고. 서로 만나 팔 벌려 손을 잡고 자유의 춤, 생명의 춤, 평화의 춤을 추자고.

하나님을 아는 자의 자유, '살리는 선택'을 할…

인간은 과연 그리 살 수 있을까? '하나님과 같아지려는'

교만을 내려놓고, 자유혼을 가지고 제 숨을 쉬며 살지만 독불장군처럼 혼자만의 세계를 고집하지 않고, 어울려 더불어 살며 공동체를 일구어가지만 그 안에서 확고하고 주목받는 제 자리를 확보하려 '너(들)'의 숨을 억누르거나 빼앗지 않고서, 그렇게 '라이라이~' 노래를 부르며 함께 더불어 춤추듯 살 수 있을까? 저 새들처럼, 저 아이들처럼, 저 농부처럼, 자유로이, 신명나게, 자유의 춤을 함께 추며 살 수 있을까?

'하나님의 법칙' 안에 온전히 거하면서 그 생명의 순환을 받아들이는 자연의 모습을 지켜보며 노래꾼 홍순관은 깨달았다. 남의 숨을 빼앗을 만큼의 무시무시한 자유를 허락받은 인간이, 함께 더불어 춤추듯 사는 선택을 할 가능성은 오직 '생명의 근원이요 바탕이요 돌아갈 자리'인 하나님 신앙으로써만 말미암는다고 말이다.

'노래문외한'인 내가 듣기에도 홍순관의 노래는 가사나 곡조, 연주 면에서 완성도가 높다. 저 노래가 왜 더 많이 들려지지 않았을까? 왜 더 많은 사람들이 호응하지 않았을까? 그게 의문이 들 만큼 아름답고 흥겹고 창의적이며 영성이 깊다. 그런데 그렇게 온 존재를 다 쏟아 불러낸 그의 노래는 30여 년 동안 늘 '묻혀 있었다' 한다. 홍해를 가르는 스펙타클한 기적이나 불병거와 불말로 휘감아 하늘로 들어 올린 영광스런 이적을 바란 삶은 아니었으리라. 아니 다윗의 명예나 솔로몬의 영화 같은 삶을 욕심낸 것도 아닐 것이다. 한국적인 정서와 가락과 내 소리로 고백하는 주체적 신앙의 노랫말로 어우러진 노래로 하나님을 찬양하려 애썼던 그 노력에 '하루의 양식'을 걱정하지 않아도 될 만큼의 은총이면 감사했을 노래시인이다. 그러나 "신학생들이 들어도 도움이 되는 방송을 하고 싶어서" 꼬박 하루를 다하여 준비한 방송이 듣는 이 적고 오해하는 이 많아 반년 만에 그쳐질 때, 대금, 가야금, 해금, 장고, 우리 악기 우리 가락 내 노랫말로 만든 노래가 '낯설고' 심지어 '사탄적'이라고 비난받으며 외면당할 때, 하여 기독교 음악 시장에서 배제되고 일이 없어 집을 지키고 궁핍한 살림을 이어가면서 "무명초와 내가 따로가 아닌" 시절을 사는 동안에, 노래꾼 홍순관은 "있는 듯 없는 듯 바람 같이 곁을 스치며 불었던" 하나님의 존재가 원망스럽지는 않았을까? 그는 이 오랜 외면과 무명의 세월동안 어떤 하나님을 만났을까?

어쩌면 그도 나처럼 사람들이 내뿜은 탁한 날숨에 숨에 막혀 자연 속으로, 아이들 속으로 숨어버렸는지도 모른다. 아니, 자발적으로 숨었다기 보다는 치열한 경쟁과 다툼이 난무하는 도시 공간에서 묵묵히 제 숨으로 노래하다 밀려

밀려 당도한 곳이 자연 가운데고 아이들 속이었다는 게 맞을 거다. 그렇게 주변으로 밀려 서서 비로소 보게 된 것, 그것은 하나님의 생명 법칙을 온 존재로 살아내는 착하고 성실한 무명無名의 삶들이었다. 자리 자리에서 늘 '살리는 선택'을 하고 때론 이를 위해 기꺼이 나를 내어주는 삶들을 보며 그는 하나님을 만났을 거다.

나무가 자기 자리를 한결 같이 지키며 "이 세상 추하고 나쁜 것들을 다 들이마시고 선하고 좋은 것으로 뿜어내"는 모습을 보며, 또한 조용히, 남이 알아주거나 말거나 계절을 따라 꽃을 피우고 열매를 맺으며 생명의 하나님을 드러내는 걸 보며 노래꾼의 영성은 점점 깊어만 갔다. 하나님을 아는 자의 자유를 향유하게 되었다. 하여 냇물을 바라보며 예수의 족보를 연결시키는 통찰력도 얻었다. "한 번 밖에 나오지 않는 그 이름들이 구주 예수를 품었다." 생명을 이어받고 이어주고 하나님의 뜻을 전해 받고 전해주면서 이름 없이 빛도 없이 그러나 성실하게 제 숨을 쉬며 살아갔던 사람들이 '예수 그리스도'가 이 땅에 오시는 기적을 이루어냈다. 이 깨달음 속에서 노래꾼은 "이름 없는 이들의 땀이 세상을 일구어 왔"음을, "자연과 같이 숨 쉬고 아침바다처럼 모르게 땀 흘리는 벗들의 실천이 하늘나라를 일군" 것임을, 때문에 "그 분의 나라를 가(알)기 위하여 먼 여행을 떠날 필요는 없다."는 것을 비로소 깨닫게 되었다. 그리고 비로소 자유로워졌을 터이다.

> 봄여름가을겨울 따로 사는 게 아니지/벽 없이 금 없이 오가며/서로에게 생명을 내어주고 살지/님을 따라 부르는 노래야
> (〈벽 없이〉의 노랫말 중)

이름이 알려지지 않아도 억울하지 않을 것은, 고래등 같은 기와집 높고 화려한 주상복합 펜트하우스가 아니어도 상관없는(아니, 오히려 아니어서 다행인) 까닭은, 지금의 이 시스템에서 그리 살다보면 자꾸 '너의 숨'을 빼앗을 선택을 하게 되기 때문이니까. 그저 작고 소소한 일상을 성실하게 사는 평민으로, 우리에게 날마다 '님'으로 다가오시는 하나님의 뜻을 따라 나의 '제 숨'을 쉬는 삶 동안, 결국 나는 생명을 살리시는 '님'의 우주사적 기적의 역사 한 마디를 이으며 사는 '위대한' 인생에 참여할 수 있으니까. 그 진리를 깨달아서, 그래서 노래꾼은 바람처럼 곁에 다가와 "네 할 일은 여기까지란다." 속삭이시는 하나님의 말씀에 '아멘'으로 응답하며 순순히 '그침의 순종'조차 선택할 수 있는 것이겠지.

떨어진 밤송이가 삐죽 웃으며 인사를 하네/제 살던 집을 떠나면서 바보처럼 웃고 있네/정답게 살던 친구들 함께 부르던 노래/지는 노을과 텅 빈 들판 이제는 떠나야지/가벼운 바람 불어와서 내게 전해 준 말/이 세상 떠날 때에 웃으며 가라네/이 세상 떠날 때에 다 놓고 가라네

신학자로서 말하자면, 홍순관은 하나님을 '안다.' 아니 하나님을 아는 일에 굳이 신학자의 학위나 전문지식 '따위'는 필요 없다. 실은 하나님이 우리 '고향'이시기 때문이다. 노래꾼이 인용한 김준태 시인의 〈고향〉이란 싯구처럼, "고향에서는 눈 감고 뛰어도 자빠지거나 넘어질 땐 흙과 풀이 안아주니"까 말이다. 그래서 고향에선, 누구나 하나님을 '안다.' 결국 노래꾼 홍순관은 돌아갈 하나님의 품을 알기에 자유롭고, 그러나 '나그네'로 살아가는 이 땅의 삶 가운데서 어찌 살면 하나님을 드러내며 살 수 있는지를 깨달아서 행복한 사람이다.

교회가 흙과 풀이 되어 이웃을 안아준다면 그들의 고향이 될 것이다. 교회가 흙이요, 신자가 풀이어야 한다. 내 이웃들이 눈 감고 뛰어도 아무렇지도 않게 안길 수 있는 집이어야 한다. 그들이 겪는 고통과 아픔에 동참할 때 그곳은 '고향(하나님 나라)'이 될 것이다. 그것은 인간이 수렁에

빠지고 벼랑에 떨어진다 하더라도 결국은 그 분께서 품 안에 안고 계신 것과 같다. 이 '낯선 땅' 지구촌에서 그 분의 나라를 맛볼 수 있다면 우리는 신자의 삶을 누리는 것이다. '여기'가 바로 '고향'이 되는 것이다.

본회퍼가 그랬다. 하나님은 오직 생명체의 행동을 통해서만 알려진다고. 영이신 분이라서 보이지 않고 너무나 크신 분이라 우리 존재 안에 다 담을 수 없기에, 하나님은 나, 너, 우리가 알고 받은 하나님의 뜻을 우리 삶의 행동으로 나타내는 만큼만 알려지고 보여지는 법이라고. 그래서 오늘도 하나님은 자신이 만난 하나님을 제 숨인 노래를 통해 내어 쉬는 한 노래꾼의 노래 안에서 자신을 나타내신다. 하나님을 알기 위해, 하나님의 뜻인 '살리는 선택'을 하기 위해, 우리는 늘 '제 숨'으로 하나님을 나타내어야 한다.

백소영 교수는 이화여자대학교와 보스턴 대학교에서 기독교사회윤리학을 전공했다(Ph. D.). 현재 이화여자대학교에서 '현대 문화와 기독교', '기독교와 세계' 등의 교양과목을 가르치고 있으며, '개신교', '여성', '한국(동아시아)', '근현대 문화'라는 키워드를 중심으로 학문적 지식생산에 몰두하고 있다. 저서로는《우리의 사랑이 의롭기 위하여》,《드라마틱》,《인터뷰 On 예수》,《잉여의 시선에서 본 공공성의 인문학》(공저),《세상을 욕망하는 경건한 신자들》,《엄마 되기, 힐링과 킬링 사이》등이 있다.

노래

외롭고
고통스럽고
위대한
노동

노래꾼 홍순관